GÉOGRAPHIE

HISTOIRE

PARIS

LIBRAIRE ÉDITEUR

APPRÉCIATIONS

HISTORIQUES.

IMPRIMERIE DE Mme Ve DONDEY-DUPRÉ,
Rue Saint-Louis, 46, au Marais.

ESSAIS

D'APPRÉCIATIONS

HISTORIQUES,

OU

EXAMEN DE QUELQUES POINTS DE PHILOLOGIE, DE GÉOGRAPHIE,
D'ARCHÉOLOGIE ET D'HISTOIRE;

PAR

JULES BERGER DE XIVREY,

Docteur en Philosophie; Membre du Conseil de la Société de l'Histoire de France,
des Académies Royales de Rouen, Toulouse et Tubingue; de la Société Royale de
Nancy; de la Société Latine d'Iéna, de celle des Antiquaires de Normandie, etc.

TOME SECOND.

ARCHÉOLOGIE.—HISTOIRE.

PARIS.

DESFORGES, LIBRAIRE-ÉDITEUR,

RUE DU PONT-DE-LODI, Nº 8.

MDCCCXXXVII.

III.

ARCHÉOLOGIE.

FRONTISPICE

Ce n'est pas chose facile de déterminer l'utilité respective de chaque direction donnée par l'homme à ses forces ou à son activité. Si vous ne tenez compte que de l'utilité immédiate, la plupart des arts libéraux et des spéculations intellectuelles paraîtront des superfétations de la civilisation. Sans doute, l'agriculture sera toujours le plus utile et le plus respectable des arts; mais voyez, aux époques d'anarchie et de violence, l'espoir des moissons périr dans les champs ravagés, d'affreuses disettes joindre leur fléau à celui de la guerre, et les laboureurs attester, par leur misère excessive, la solidarité qui existe entre la prospérité de leurs travaux et les lumières d'une civilisation protectrice. Ainsi tout se tient dans la société ; et, si les hommes qui nourrissent les autres ont besoin d'être défendus contre les abus de la force, la justice publique, à laquelle est confiée cette mission d'ordre, ne peut l'accomplir que lorsque la civilisation adoucit les mœurs. Or, pour la civilisation, le culte des intérêts purement matériels est un principe de mort : il fait rétrograder, par l'isolement de l'égoïsme, jusqu'au règne de la force et à la désorganisation sociale. Nous sommes loin d'un tel avenir, j'en ai la confiance ; mais, si nous apercevons déjà dans la société ce germe délétère, accueillons, pour le neutraliser, tout ce qui élève l'esprit, tout ce qui l'entretient dans ces hautes spéculations de l'intelligence, auxquelles est confié le soin d'entretenir la civilisation. Ainsi se découvre une utilité réelle dans des travaux qui peuvent sembler, au premier abord, n'offrir qu'un noble délassement à un esprit libéral.

Il est aisé d'appliquer ces réflexions aux études archéologiques, et aux sociétés qui se sont formées depuis quelques années pour les encourager et les faire fleurir sur les divers points de la France. Une fureur d'évaluation dévastatrice faisait disparaître de tous côtés les monuments de notre histoire, et, pour se justifier à elle-même ses barbares dévastations, professait le principe d'une entière scission avec le passé. Comme si l'homme pouvait rompre, à son gré, le lien qui unit ce passé au présent; comme s'il pouvait renoncer à l'héritage de l'histoire; comme s'il ne devait pas, au contraire, y chercher de hauts enseignements, l'étudier avec cette sympathie qui faisait dire à Térence :

Homo sum : humani nihil a me alienum puto !

L'étude attentive du passé, son appréciation plus juste ont déjà rappelé le respect sur des sujets qui n'auraient jamais dû cesser d'en être entourés. En s'occupant des étonnants monuments de l'art chez nos aïeux, on est arrivé naturellement à s'occuper des causes d'une telle puissance d'exécution. Car, chez eux, comme le remarque M. Mangon de la Lande, président de la Société des Antiquaires de l'Ouest, « tout était lié, les arts, les mœurs, les coutumes et les lois. Il s'ensuit que des recherches sur les arts des anciens, par exemple, qui ne seraient pas éclairées par la connaissance de leurs institutions et de leurs usages, ne produiraient que des résultats vagues, incertains, sans intérêt, sans agrément, sans utilité. »

On aperçoit quel agrandissement et quelle rectification d'idées peut amener l'archéologie traitée de la sorte. La Société des Antiquaires de l'Ouest nous a paru comprendre cette noble mission ; et nous commençons cette troisième partie par l'examen des principales pièces qu'elle vient de publier.

Cette Société, constituée le 19 mars 1835, a fait paraître, dès le commencement de 1836, le premier volume de ses mémoires, divisé de la manière suivante : Géographie historique. — Histoire et Biographie. — Monuments et Inscriptions. — Numismatique et Glyptique. — Objets divers.

Toutes les pièces de ce recueil ont de l'intérêt pour l'histoire ou pour l'archéologie. C'est sur celles qui concernent cette dernière science que nous allons jeter un coup-d'œil. M. Mangon de la Lande, président, a fourni, pour sa part, trois dissertations épigraphiques. L'une traite de plusieurs colonnes milliaires du Poitou; la seconde, de l'autel gallo-romain de Baptresse. Cet autel, comparé par l'auteur au célèbre autel des *Nautæ Parisiaci* trouvé à Notre-Dame au commencement du siècle, et qui est aujourd'hui au Musée des Antiques, est un morceau fort endommagé; mais il offre un intérêt réel par les quatre figures en bas-relief où M. de la Lande a reconnu, avec toute vraisemblance, Mars, Mercure, Vulcain et Hercule. Cette petite dissertation, qui ne dit ni trop ni trop peu, est pleine d'intérêt. La troisième, du même auteur, sur le tombeau romain de Varenilla, est d'un intérêt plus grand encore, puisque ce tombeau, ainsi que le démontre M. de la Lande, n'est rien moins que le fameux temple de Saint-Jean, à Poitiers, l'une des antiquités de la France les plus citées. M. de la Lande a conçu l'idée, vraiment heureuse, de faire de cet ancien monument un *Musée d'Antiquités de l'Ouest*. Cette idée, accueillie par la Société, va recevoir son exécution par les soins de M. de Jussieu, préfet de la Vienne. On ne saurait trop applaudir à ce concours de l'administration et de la science.

Pour l'inscription de Varenilla *, nous avouons que les inductions tirées par M. de la Lande des lettres R et S, qui sont renversées à la fin des mots *Censor* et *Pavius*, et de l'O, d'un corps plus petit dans l'abréviation *cos*, ne nous paraissent pas aussi évidentes qu'à l'auteur.

« Plusieurs savants, dit-il, ont pensé que,
» dans certains cas, la dimension d'une lettre
» entre deux caractères plus grands ou plus
» petits exprimait un diminutif ou un augmen-
» tatif dans l'expression du mot. Ici le mot
» CoS, employé de cette manière dans l'in-
» scription, semble confirmer cette opinion,
» et n'exprimer que la qualité de proconsul
» ou de consul particulier dans un gouverne-
» ment de province, puisque *Claudius Vare-*

* Voici cette inscription, qui a été publiée plusieurs fois:

CL VARENILLAE CL VARENI COS FILIAE

CIVITAS PICTONVM FVNVS LOCVM STATVAM

MONIMENTVM CENSOR PAVIVS LEG AVG PRPRPRO

VINC AQVITAN COS DESIG MARITVS HONORE CONTENTVS SVA

[PEC PONEND CVRAVIT

» *nus* n'est pas connu dans les fastes consu-
» laires. On doit observer que, dans la même
» inscription, il n'en est pas ainsi des mots
» cos. des. qui expriment la qualité de *Censor*
» *Pavius*, parce qu'en effet il était alors consul
» désigné, et qu'il n'y avait de consuls désignés
» que dans la magistrature de l'empire. »

Nous répondrons d'abord que l'O, sur les inscriptions grecques et sur les latines, est une
lettre qui, très-souvent, sans aucune intention,
et dans les circonstances les plus différentes,
est figurée par un caractère plus petit que les
autres lettres. Ensuite, il n'existait pas, au
temps de l'empire romain, de *consuls particuliers;* et, quant au titre de *proconsul*, il est toujours représenté par les premières lettres de ce
mot et non par les premières du mot consul,
ni par son abréviation spéciale. Quant aux
lettres n et s, renversées à la fin des mots
Censor et *Pavius,* ce ne peut être ici qu'une
inadvertance du graveur, bien qu'on doive
admettre avec une grande sobriété ce genre
d'explication, souvent trop facile. Mais celle
que donne M. de la Lande de la lettre n renversée à la fin du mot *Censor,* indiquant, selon

lui, « que le mot *censor* n'exprime pas ici la dignité de censeur, » est même réfutée, au lieu d'être soutenue, par la faute semblable à la fin du mot *Pavius*, qui, n'étant pas significatif, n'aurait pas eu besoin d'un signe distinctif comme l'autre nom. Et, pour les noms propres significatifs, comme ils sont aussi nombreux en latin qu'en toute autre langue, si une combinaison quelconque avait existé pour les distinguer en les écrivant, elle se retrouverait dans d'autres inscriptions ; car elle aurait été comme nulle si elle n'eût pas été usitée. Or il n'y a rien de pareil dans tout le *Corpus inscriptionum* de Gruter.

L'absence du nom de Varenus des tables consulaires prouve seulement que ce personnage avait été consul substitué dans le cours de l'année, à la mort du consul éponyme. Or les noms de ces consuls-là, bien que le titre consulaire leur appartînt ensuite comme aux éponymes, ne figurent pas sur les tables. De là beaucoup de consuls dont les noms, absents des tables, nous ont été conservés par l'histoire et par les monuments. De là aussi la qualité de consul pour la seconde, la troisième fois, donnée, sur les tables consulaires, à des magistrats, qui pourtant n'y avaient pas encore figuré, ayant alors seulement, pour la première fois, cette charge au 1er janvier. Les éditeurs de ces tables en ont fait ordinairement l'observation.

. Nous dirons donc qu'à notre avis l'explication de M. de la Lande est trop ingénieuse. C'est un beau défaut, sans doute, que trop d'esprit; mais c'en est un en archéologie; car il doue, en quelque sorte, l'archéologue d'une seconde vue, qui le fait passer quelquefois du champ de l'observation dans celui de l'imagination. Qu'y a-t-il de plus ingénieux que le R. P. Hardouin, ce docte éditeur de Pline? Eh bien! avec toute sa subtilité, soutenue par la plus vaste érudition, il en était venu au point de mettre tout en question, et il avait fait, de la plus sûre des sciences historiques, la numismatique, un usage à peu près semblable à celui que le Pseudo-Herschell vient de faire de l'astronomie, la plus sûre des siences d'observation.

Dans une dissertation *sur une pierre gravée antique inédite*, agate ovale, représentant un hippogriffe les ailes éployées au-dessus d'une tête de chèvre, des rapprochements historiques naturellement amenés sur l'horoscope d'Auguste, ont fourni à M. de Crazannes l'occasion d'une double excursion dans l'histoire et dans l'astrologie judiciaire, cette science vaine, mais si nécessaire à l'intelligence du moyen-âge et de la dernière période de l'antiquité. Le respectable archéologue a fait preuve à la fois, dans cette notice, de la variété de connaissances et de la finesse aimable qu'on retrouve dans tous ses opuscules.

Un autre morceau, qui nous a paru fort curieux, est la notice de M. de Chergé sur l'abbaye de Charroux. Elle nous a rappelé un des excellents travaux de notre savant ami M. Deville, son *Essai sur l'abbaye de Saint-Georges de Bocherville*, toutefois avec cette différence d'exécution à laquelle il est naturel de s'attendre, entre un morceau qui fait tout simplement partie d'un recueil académique de province et une publication brillante de luxe typographique, de gravures, de plans, *fac-simile*, portraits, détails figurés de tout genre, réunis par un auteur que distinguent également son intelligence des antiques monuments et son talent à les faire revivre, à la fois, par la plume, le crayon et le burin. L'édifice auquel est consacrée la notice de M. de Chergé, moins favorisé que la belle église de Saint-Georges, a péri. Il attirait de même l'attention de l'antiquaire par le plein-cintre, marque de l'ancienneté de son architecture; mais il se distinguait davantage par sa disposition toute particulière, qui, au lieu d'affecter la ressemblance d'une croix, avait pris pour type la forme du Saint-Sépulcre. Voici un court aperçu de cette construction remarquable :

Le parvis, le porche et la nef formaient ensemble un parallélogramme de cent quatre-vingt-dix pieds de long sur quatre-vingt-un pieds de large. Ce parallélogramme était terminé par un chœur circulaire de cent trente-quatre pieds de diamètre, décoré, dans son hémicycle postérieur, de cinq chapelles semi-circulaires et en saillie. Au fond du chœur, derrière la chapelle du milieu, s'étendait, sur la même ligne que la nef, et de la même largeur (sans les collatéraux), une prolongation servant de sacristie, qui, ajoutant encore cinquante pieds, donnait à l'édifice une longueur totale de trois cent soixante-quatorze pieds. On descendait du porche dans la nef par douze marches, et l'on montait par six marches de la nef au chœur. Au centre de celui-ci, huit faisceaux de colonnes soutenaient une tour octogone qui élevait un dôme de soixante pieds au-dessus du maître-autel, placé au milieu de ce sanctuaire ; la base octogone sur laquelle elles reposaient était exhaussée de douze marches au-dessus du chœur. Autour du sanctuaire, un double rang de colonnes partageait circulairement le chœur en trois parties, comme la nef l'était longitudinalement par les colonnes qui la séparaient des collatéraux.

M. de Chergé s'est livré à des considérations fort bien déduites sur la construction de ce monument. La réunion de l'ogive au plein-cintre dans quelques-unes de ses parties, et un incendie dont il est fait mention comme ayant consumé l'ancien édifice en 1136, lui font assigner cette époque à la construction de l'église de Charroux. Cependant il prouve que l'idée de donner au temple la forme du Saint-Sépulcre ne dut pas venir des croisades ; autrement cette idée se serait retrouvée uniformément dans les œuvres des architectes contemporains, rapportant les mêmes inspirations. Mais, en remontant aux premières constructions de l'église de Charroux, de 1136 à 1017, puis à la fondation de l'abbaye par Charlemagne, à la fin du huitième siècle, il trouve à cette origine l'explication de la forme du Saint-Sépulcre, donnée à l'édifice. Car Charlemagne venait de recevoir d'Aaron-al-Raschild les clefs des saints lieux et le titre de gardien du Saint-Sépulcre; une médaille représentant ce vénérable monument venait d'être frappée. La forme qu'aura prise alors, en mémoire du même événement, l'église de la nouvelle abbaye aura été reproduite fidèlement dans les reconstructions successives.

« Pourquoi faut-il, dit M. de Chergé, que le feu des Huguenots, les fureurs de 1793 et le vandalisme de la bande noire, aient réduit en poussière le vieux temple du Seigneur, et qu'ils n'aient laissé que ce qu'ils *n'ont pu détruire?* Ce précieux débris sauvé du naufrage est la tour svelte et élancée qui formait autrefois le sanctuaire...... Rien n'approche de l'effet pittoresque de ce monument, unique en France. »

C'était en effet la partie la plus singulière de la construction si originale dont nous venons de parler ; et la description qu'en donne M. de Chergé justifie son admiration et associe à ses regrets tous les amis de l'art qui accompagnent de leurs vœux ses efforts et ceux de la Société des Antiquaires de l'Ouest pour la conservation d'un si beau reste. S'ils y parviennent, ce sera une nouvelle preuve de l'utilité de ces associations. Tout ce qu'on peut regretter, c'est de n'avoir pas éprouvé plus tôt leur salutaire influence ; car la réaction d'indignation n'est arrivée qu'après bien des destructions irréparables. Aussi méritent-ils notre reconnaissance, les hommes au cœur chaud, à l'esprit élevé, qui, comme M. le comte de Montalembert, ont employé les paroles les plus vives à ranimer ce qui restait encore d'une honnête vergogne au milieu de l'effrayant envahissement d'un intérêt positif, chaque jour plus rétréci. Ce qu'il a pu y avoir d'excessif dans leur enthousiasme était peut-être nécessaire pour stimuler une funeste indifférence ; quant aux actes de vandalisme comme ceux que signale M. de

Chergé, ils montrent qu'il n'y avait malheureusement rien d'exagéré dans les plaintes.

Voilà donc qu'en Poitou un jeune antiquaire dénonce noblement à la compagnie conservatrice des antiquaires de l'Ouest les projets de destruction que le génie du mal semble opposer sans cesse à leurs généreux efforts. Un préfet interpose avec empressement son autorité pour arrêter les démolisseurs dans leurs sinistres entreprises; deux ministres éclairés promettent les fonds nécessaires pour rendre effectif ce faisceau d'efforts conservateurs. Formé plus tôt en Normandie, que de monuments il a sauvés! Et quelle douce récompense pour des antiquaires tels que MM. Langlois, Deville, Aug. Le Prévost, Emm. Gaillard, de Caumont, Le Ver, d'avoir pu prévenir dans leur province beaucoup de pareilles dévastations!

Aujourd'hui l'impulsion est assez donnée en France, pour que la catastrophe toute récente qui vient de consumer en grande partie un des édifices sublimes du moyen-âge ne devienne pas irréparable, en entraînant l'accélération de la ruine de tout le reste. Espérons que la réunion des souscriptions particulières et des fonds votés par les chambres relèveront, dans son premier éclat, cette magnifique cathédrale de Chartres. Le temps n'est plus, dit-on, de ces constructions gigantesques. Les Égyptiens et les Romains trouvaient dans leur monde d'esclaves, les peuples du moyen-âge dans leur foi ardente, des moyens d'action dont rien ne représente la puissance dans les temps modernes.

Eh bien! si dans cette lutte hardie avec nos vieux architectes du moyen-âge, l'art moderne reconnaît son impuissance, il en résultera plus de justice et de modestie dans la comparaison de ces temps-là avec le nôtre. En donnant du travail à de nombreux ouvriers, on contribuera en même temps à rectifier leurs idées, faussées par des déclamations, dont la classe instruite n'est plus à faire justice, mais dont la mauvaise influence subsiste encore dans les rangs inférieurs. Voilà quel progrès réel amène le respect rendu aux choses respectables ; honorable disposition qui est un gage de l'estime de la postérité. Le travers opposé est une tache dont ne se lavera pas le siècle dernier, et qui fera peut-être payer cher à ses plus brillantes productions le sec ricanement dont elles accueillaient tous les hauts mouvements de l'ame.

Ne m'écarté-je pas ici de nos modestes travaux archéologiques? Non; car je vois la tendance respectueuse pour le passé s'allier partout à l'étude de ses monuments. Et ce qui prouve que ce respect est réfléchi et sera durable, c'est que l'estime rendue à l'art du moyen-âge n'entraîne pas une réaction de dédain pour celui de l'antiquité. On le voit par le dénombrement des travaux archéologiques. Cette Société des antiquaires de l'Ouest, animée d'un zèle si louable pour la conservation des monuments de la piété de nos pères, ne néglige, avec cela, aucune occasion de remonter dans le domaine de l'histoire, aussi loin que des monuments quelconques tracent et jalonnent sa route. C'est ainsi que, d'après les indications de monseigneur de Beauregard, évêque d'Orléans, prélat natif de Poitiers, la Société des antiquaires de l'Ouest a fait explorer, par une commission de plusieurs de ses membres, les galeries souterraines de cette dernière ville, où se trouvent entassés quantité de larges débris ornés de riches sculptures avec des inscriptions. L'une, entre autres, d'après quelques lettres de douze à treize pouces de haut, qui en restent encore, devait être placée sur un grand édifice.

« Ces énormes blocs entassés les uns sur les autres, dit M. Mangon de la Lande, rapporteur, se soutenant par leur propre poids, sans tenons, mortier ni ciment, forment deux murs parallèles de 8 à 9 pieds de haut, séparés l'un de l'autre par un espace de 15 à 20 pieds, et supportant, au lieu de voûte, un plafond plat, de la plus grande solidité ; ce qui formait une immense galerie souterraine que nous avons pu suivre dans une étendue de près d'un quart de lieue. »

Ces galeries souterraines, étant sous la ville même, offraient des caves toutes faites aux propriétaires qui élevaient les maisons au-dessus. De là, les galeries proprement dites se trouvent-elles interrompues à tout moment par le mur de clôture de quelque cave. En portant ses explorations dans ces deux parties du souterrain, la commission a reconnu que l'un des côtés de ces murs, improvisés dans un moment critique avec les débris de tant de monuments, était adossé à l'ancienne muraille romaine, bien distincte, en plusieurs endroits, par la régularité de ses petites pierres carrées et par l'alignement de ses chaînes de briques. Là, comme presque partout, les atterrissemens successifs des siècles ont rendu souterraine une muraille qui s'élevait jadis au-dessus du sol. Mais quand et comment a été construit le reste, surtout ce plafond si solide qui a empêché ces atterrissemens de combler l'intervalle des deux murs? Quoi qu'il en soit, les dessins pris par la commission, malgré toutes les difficultés d'un tel travail, signalent à l'archéologie l'intérêt de ces lieux.

Enfin, pour donner une idée assez complète du début de la nouvelle société, nous parlerons encore de la dissertation de M. A. Mazure, intitulée *Considérations philosophiques sur deux époques de l'histoire de l'art.* Ce morceau, par le talent même qu'il prouve, appelle de la part de la critique un essai de réfutation sur les points où elle croirait apercevoir des erreurs. L'auteur y compare l'art en Europe au moyen-âge avec celui de l'Égypte sous les Pharaons.

Que, dans une œuvre de talent comme celle-ci, l'auteur soit arrivé à paraître ne pas se rendre compte d'une expression aussi nette que celle de *moyen-âge*, cela prouve combien la vogue, à force d'alambiquer, de quintessencier un sujet, parvient à obscurcir les notions les plus claires. M. Mazure, en effet, parle *des époques de moyen-âge*, et il distingue *le moyen-âge ancien de celui qui occupe le milieu des temps modernes*. Voilà bien la confusion des langues.

Jusqu'à présent on a distingué trois grandes époques dans l'histoire universelle : l'antiquité qui renferme toute la période de la civilisation ancienne, c'est-à-dire les temps antérieurs à Jésus-Christ, et à peu près les quatre premiers siècles de notre ère ; les temps modernes arrivant jusqu'à nous, depuis le milieu du quinzième siècle, où l'époque dite de la renaissance coïncide avec la dislocation de la féodalité, la chute de l'empire d'Orient, l'invention de l'imprimerie, la découverte de l'Amérique et la réforme : entre ces deux grandes périodes de l'histoire, est placé le moyen-âge. Ces notions sont tellement vulgaires, qu'on est étonné d'avoir à les énoncer. Il faut pourtant rappeler

ces notions primordiales de la science historique à l'écrivain qui admet plusieurs époques
de moyen-âge. S'il y a le moyen-âge ancien et
moderne, il y aura donc aussi l'antiquité ancienne et moderne ; les temps modernes, anciens et modernes.

Dans cette confusion, nous apercevons la
tendance de notre temps à s'élever trop tôt à
des vues générales sur des sujets dont on ne
possède pas assez l'ensemble et les détails pour
les envisager philosophiquement. Séduit par
de brillants rapprochements établis entre la
féodalité et les siècles héroïques, M. Mazure
veut voir dans l'antiquité *un moyen-âge*. Remarquons comme l'impropriété de l'expression
est jointe ici à la confusion de la pensée. Ces
deux époques éloignées avaient été rapprochées
par le point de vue d'une société où la hiérar-
chie s'établissait par la force, où l'équilibre
naissait du choc de la violence, au milieu d'un
territoire morcelé en petits états, et sans cesse
disputé par des exploits prodigieux. Or le
moyen âge, où fut ainsi organisé le régime féodal, offrait de plus un autre caractère non moins
saillant : la domination suprême de la puissance

religieuse. Eh bien! M. Mazure abandonne le premier point de vue, laisse en Grèce le parallèle féodal, et va chercher en Égypte le parallèle religieux. Ce ne serait donc plus que la moitié du moyen-âge. Mais le pouvoir suprême de la religion s'exerce, de chaque côté, d'une manière et au milieu de conditions si différentes, qu'elles éloignent tout parallèle exact.

L'Égypte, à l'époque contemporaine de la Grèce héroïque, loin d'être dans une période de barbarie, comme nos pères du dixième siècle, se trouvait au contraire parvenue au plus haut degré d'une civilisation attestée par l'ordre, l'équilibre, la tranquillité, fruit de la plus savante constitution. La puissance hiératique ne rencontrait point d'obstacle, et paraît avoir été parfaitement appropriée à la nature particulière de ce peuple pendant une bien longue suite de siècles. De là ces types de tous les monuments de l'art, auxquels la tradition sacerdotale imposait constamment l'inflexible caractère de ses symboles immuables.

M. Raoul-Rochette a démontré, par la confrontation de tous les monuments égyptiens, que dans la statuaire de ce peuple rien ne distinguait

la passion du calme, la souffrance de la santé,
la beauté de la laideur, la jeunesse de la vieil-
lesse; mais que même la différence du sexe
n'apportait d'autre modification aux statues
qu'un accessoire de convention (la couleur jaune
pour les femmes, la couleur rouge et un étui
sous le menton pour les hommes). Il a ainsi démontré qu'en prétendant reconnaître la figure de
tel ou tel Pharaon dans telle ou telle statue égyptienne, on a avancé une prétention chimérique.
Et cependant il signale, comme les autres maîtres de la science archéologique, une grande
perfection de métier dans certains détails de ces
statues de l'antique Égypte. La haute civilisation de ce pays se faisait reconnaître à ces
marques dans les innombrables reproductions
du type imposé.

Quoi de pareil au moyen-âge? Le plein cin-
tre du dixième et du onzième siècle n'emprunte
presque aucun ornement à la plastique, ainsi
que le remarque M. Mazure; mais les emprunts
qu'il lui fait doivent évidemment leur manque
d'expression à l'inexpérience et à la barbarie
des sculpteurs, très-inférieurs alors aux architectes. C'est ce que démontrent les chapiteaux

historiés des églises de ce temps, comme Saint-Germain-des-Prés de Paris, Saint-Georges de Bocherville près Rouen. Lorsque l'art ogival remplace le plein-cintre, la comparaison avec l'Égypte devient bien autrement inadmissible ; car jamais plus libre essor n'a été donné au génie de l'artiste que dans les innombrables statues de nos cathédrales du treizième siècle, où l'on est frappé de cette fougue et de cette richesse d'imagination, qui aurait même été désordonnée, si l'empire du sentiment religieux n'avait répandu sur l'ensemble de ces fantaisies variées l'harmonie sublime de son unité, harmonie si bien sentie par M. Mazure. Malheureusement il va trop loin. Non, le symbole n'est pas écrit partout sur les monuments de nos pères comme sur ceux de la théocratie égyptienne ; et c'est vouloir trop prouver que de voir, avec M. Boissérée, la société religieuse construite ainsi qu'une croix, où Rome est placée au point d'intersection entre l'Orient et l'Occident, comme l'autel entre la nef et l'abside ; que de voir les rigueurs de la pénitence dans la balustrade de fer qui entoure l'autel ; les peuples chrétiens, unis par le ciment de la foi, de l'espérance et de la charité, dans les murs ; les cardinaux dans les piliers et les colonnes qui soutiennent le comble de l'édifice ; les rois et les empereurs dans les fenêtres ogivales ; le diadême impérial dans la rosace du portail, etc. Quelque bizarre que paraisse, au premier abord, cette interprétation allégorique, hâtons-nous de dire qu'elle n'est nullement ridicule dans la manière dont l'a reproduite M. Mazure ; elle est même très-spécieuse, et, à coup sûr, d'un véritable intérêt.

L'auteur rentre tout-à-fait dans la vérité quand il ajoute : « Toutes ces harmonies, allez-vous me dire, se sont-elles révélées, distinctes et parfaitement claires, dans l'intelligence de l'architecte qui construisait la cathédrale de Cologne, ou celle de Chartres, ou celle de Strasbourg, ou celle de Poitiers, ou celle de Tours, ou celles de la plupart de nos cités diocésaines? Je ne sais ; mais comme l'architecte, au moyen-âge, était presque toujours un moine habitué aux méditations du cloître, un prêtre chargé plus que les autres de cette atmosphère de foi dans laquelle ils vivaient tous et respiraient, je puis croire que ces pensées se présentaient à la conception d'un tel architecte, d'une manière plus ou moins distincte; du moins, elles sortaient de la célébration même du saint sacrifice, que ce prêtre offrait tous les jours.

» La liturgie de la messe est un long symbole représentant, sous des images pacifiques, le sacrifice sanglant du Golgotha, et dans ce symbole il n'y a pas un mot, pas un geste du pontife qui ne concoure au développement du drame ineffable. »

Ici l'exactitude est parfaite. Aucune influence étrangère ne vient en effet modifier celle qu'exercent les symboles religieux dans le sacrifice de l'autel. Mais, dans la construction de ces immenses cathédrales, œuvres de confréries recrutées si diversement, et dont le zèle rivalisait de piété à l'intérieur avec les exploits des croisés sur les plages lointaines, on trouve tout le feu, tout le pittoresque de cette époque d'effervescence et d'enthousiasme. Or, le pouvoir papal et l'autorité des idées religieuses n'ont jamais eu plus de force; et pourtant, d'après le parallèle établi par M. Mazure, il s'ensuivrait que l'expression et le mouvement donnés aux œuvres de l'art sont en raison inverse de la puissance de ces idées religieuses.

En comparant l'Égypte antique à l'Europe du moyen-âge, il a donc rapproché ce qui ne présente aucun point de contact. Le but de la religion en Égypte était atteint. L'ordre partout répandu dans cette monarchie dirigée par le sacerdoce assurait aux peuples une prospérité matérielle, qui leur suffisait, en satisfaisant leur seule grande passion, l'espèce d'idée fixe qui dominait leur existence : la conservation des morts par l'embaumement.

Dans l'Europe du moyen-âge, que voit-on, au contraire? A côté d'une religion sublime, qui appelle les hommes à la plus touchante fraternité, l'abus continuel de la force : de ce contraste, un spiritualisme ardent, une soif de l'immortalité de l'ame, comme aucun autre temps, aucune autre religion, aucune autre réunion de circonstances, ne l'ont peut-être jamais excitée.

INSCRIPTIONS

PRÉTENDUES ANTIQUES DE NÉRAC.

On pourrait facilement faire un gros volume in-4° de l'histoire des inscriptions prétendues antiques de Nérac, en y joignant les principales pièces à l'appui du pour et du contre dans cette étrange polémique. La question est aujourd'hui décidée au tribunal de la justice comme à celui de l'érudition; et M. Chrétin, que la ville de Nérac accusa de s'être approprié des monuments d'antiquité provenant de fouilles publiques, a été reconnu pour être l'auteur de ces monuments. Les copies des inscriptions dont il avait accompagné ses sculptures ayant été adressées à l'Académie royale des Inscriptions et Belles-Lettres, par MM. du Mège, Jouannet et Chaudruc de Crazannes, y furent reconnues fausses; et M. le baron Silvestre de Sacy, sécretaire perpétuel, écrivit dans ce sens à M. le baron Chaudruc de Crazannes.

De grandes réclamations s'élevèrent alors contre l'Institut, de la part de beaucoup de personnes qui avaient admiré les bas-reliefs de M. Chrétin et les avaient crus antiques. On prétendait que la vue de ces monuments, non moins que le texte des inscriptions, étant nécessaire avant de prononcer sur ces dernières, l'Académie s'était trop avancée. Ce raisonnement me paraissait peu juste ; car il y a certain genre d'anachronisme dans une inscription supposée, qui donne à la critique le plus sûr moyen peut-être de nier l'authenticité d'un monument. Les faits sont venus prouver qu'elle avait eu le droit d'affirmer et le mérite de prédire. Mais la vue du principal bas-relief de M. Chrétin, envoyé à Paris en juillet 1836, m'a fait comprendre jusqu'à un certain point, je dois le dire, l'insistance des partisans de son authenticité. Il est impossible, en effet, de mieux imiter la sculpture antique que ne l'a fait l'habile artiste de Nérac ; et si ses connaissances dans la langue et dans l'histoire des Romains eussent été égales à son talent en sculpture, il est à peu près sûr que son ingénieuse plaisanterie aurait complètement réussi.

Quoi qu'il en soit, il y eut presque du courage, au mois de mars 1835, à nier l'antiquité des monuments de Nérac, comme je le fis, le premier, d'une manière détaillée, daus l'article suivant. L'espèce de retentissement qu'a euce morceau, surtout dans le Midi, m'engage à le reproduire textuellement. Joint aux lignes qui précèdent, il pourra mettre suffisamment le lecteur au courant de cette polémique bizarre.

Il se passe, depuis quelque temps, dans le midi de la France, un véritable mystère d'iniquité archéologique. Le but n'en est pas facile à comprendre. Si c'est le projet d'une mystification, elle pourrait bien finir par retomber sur ses auteurs. Quelqu'un, à qui l'étude de l'histoire et de ses divers monuments a donné ces connaissances qu'une saine critique fait servir à la recherche et au triomphe de la vérité, paraît s'être persuadé qu'il en était venu au point de pouvoir jouer les plus habiles; et, par je ne sais quelle idée *méphistophélique*, il a voulu, de gaîté de cœur, introduire une longue fable de son invention dans cette pauvre histoire, si souvent altérée par des erreurs de bonne foi ou par ces grands mensonges que de puissants intérêts dictent aux contemporains eux-mêmes.

Peut-être s'est-il demandé si les bases de l'histoire, auxquelles il avait consacré bien des veilles, offraient réellement une authenticité que la critique eût les moyens de constater. Il aurait alors cherché à en faire l'épreuve, en concentrant toutes les données que lui fournissaient ses études, et les ressources d'un esprit adroit et inventif, pour forger, de concert avec un sculpteur, dont il aurait dirigé les travaux clandestins, des inscriptions et des bas-reliefs ressemblant à l'antique, autant qu'ils étaient capables d'atteindre cette ressemblance.

Quant à l'explication qui leur ferait supposer l'intention d'arriver par là à des honneurs littéraires, il nous répugne d'admettre un pareil motif, à plus forte raison l'intérêt tout-à-fait grossier de vendre comme authentiques ces antiquités de leur fabrication. Les ouvriers de Rome ont un talent connu pour imiter les petites mosaïques et autres bijoux vendus comme antiquités à des amateurs étrangers. Ils dirigent toute leur adresse sur l'imitation d'un genre de

monuments restreint et de petite dimension.
Que de choses, au contraire, ne faudrait-il pas
savoir et embrasser pour forger une suite d'inscriptions et de bas-reliefs, et les lancer dans
le monde savant, comme d'importants originaux
qui vont changer de face l'histoire d'une époque!
Ce n'est plus à quelques gens du monde, prétendant au titre plus ou moins légitime de connaisseurs, qu'il faut soumettre cette fausse monnaie
archéologique, si on veut lui donner cours par
une approbation compétente; c'est à des archéologues dignes de ce nom, c'est à l'Académie des Inscriptions et Belles-Lettres, où la
science historique réunit toutes les nuances:
numismatique, archéologie, géographie, critique, philologie, technologie, art épigraphique,
philosophie de l'histoire et caractères distinctifs
de ses différentes époques.

Aussi la fausseté de monuments si compli-
qués ne pouvait-elle manquer d'être aussitôt
reconnue par cette savante compagnie, qui en
a jugé la démonstration indigne de l'occuper.
Mais, comme en Italie et en Allemagne, plus
d'une docte plume s'est attachée avec complaisance à cette réfutation, nous ne voulons pas

que du silence absolu de l'archéologie française on puisse arguer contre sa clairvoyance et chercher encore un moyen de défendre cette ridicule imposture. Nous avons même lieu de croire qu'en la démasquant ici nous ne serons pas désapprouvé à l'Institut.

Nous ne voulons pas nier que les auteurs de cette fraude littéraire n'aient choisi avec art les circonstances de temps et de lieu. Trop de clartés étaient répandues sur un siècle comme celui d'Auguste; la langue y était trop bien fixée pour que le moindre indice de fraude ne fût à l'instant dévoilé. Passé Constantin, la civilisation bysantine offre une complication de caractères très-difficiles à imiter ; et, dans le siècle de cet empereur, où luttèrent ces deux civilisations, il jaillit de cette lutte un foule de documents, aussi précieux pour la véritable histoire que contrariants pour la bizarre entreprise des fabricants d'antiquités.

C'était donc dans les temps qui précédèrent le bas-empire et le triomphe du christianisme, à cette époque où la confusion toujours croissante portait partout la désorganisation dans cette société encore soutenue par les fortes institutions de Rome, la puissante métropole, c'était là qu'il fallait mettre la scène des contes que l'on voulait donner pour des faits, et il fallait choisir pour leur théâtre, non pas quelque grande et importante municipe, non pas même quelque colonie du second ordre, mais une ville tout-à-fait inconnue dans l'antiquité, où, très-probablement, elle n'existait même sous aucune forme. C'était tailler en pleine étoffe. Nous allons voir jusqu'à quel point ce premier choix a été heureux.

Les fabricateurs des monuments dont nous parlons, habitant le sud-ouest de la France, n'étaient pas embarrassés pour y choisir une ville déjà célèbre du temps de l'empire romain. Bordeaux, Rhodez, Cahors, Toulouse, Agen, Bazas, Ciutat, Auch, Saint-Bertrand de Comminges et plusieurs autres s'offraient à leur choix. Ils l'ont arrêté sur Nérac, probablement parce que leurs relations dans cette ville leur rendaient plus facile son exploitation archéologique, et en même temps sans doute parce qu'il n'y avait aucune trace de son existence dans l'antiquité. Ils y trouvaient donc tout l'intérêt qui s'attache à une création, puisque tout devait leur appartenir dans l'existence antique de cette ville, à commencer par son nom.

Celui qu'ils lui ont imposé est déjà pour eux l'occasion d'un premier faux pas. De *Neræ aquæ*, d'après les règles d'étymologie observées pour les noms des autres villes , n'aurait pu venir Nérac, mais un mot comme *Néraix* ou *Néraigues*. Si le nom actuel venait d'un ancien mot latin, ce ne pourrait être étymologiquement que *Neracum*. Car de mots ainsi terminés sont venus, dans la partie de la France où se parlait la langue d'oc, les noms en *ac*, et dans la langue d'oui les noms en *gny*. Ainsi de *Martiniacum*, Martigny et Martignac; d'*Appoliniacum*, Polignac et Poligny, etc.

Les prétendues antiquités de cette prétendue *Neræ-Aquæ* ne forment pas moins de neuf inscriptions, la plupart fort longues, et deux bas-reliefs, dont l'un, assez compliqué, est encore accompagné d'une demi-douzaine d'inscriptions placées dans les moindres coins, pour tirer parti de tous les endroits qui ne sont pas occupés par la sculpture. Celle-ci offre plusieurs anachronismes de costume et d'agencement, et les inscriptions fourmillent de fautes de latin et d'expressions insolites, que la nature de cet article ne nous permet pas de détailler; mais qui sauteront aux yeux de toute personne ayant quelque habitude de la langue latine.

Je citerai seulement ces mots de la première: *Senatui Populo Romanoque*, qui supposent autant d'ignorance du latin que des monuments, puisque les règles de la langue demandaient impérieusement *Senatui Populoque Romano*, formule connue de toutes les personnes qui ont eu occasion d'examiner quelques monuments de l'ancienne Rome, où elles ont remarqué si souvent l'abréviation s p q r, qui était, comme on sait, la devise des enseignes romaines, et non pas s p r q. Des fautes aussi grossières feraient supposer que l'un des fabricateurs, moins savant, travaillant quelquefois seul, aurait laissé échapper de ces énormes bévues qui dispenseraient la critique de toute autre réfutation.

Pour parer à cet inconvénient, qu'ils paraissent avoir prévu, ils se sont préparé une échappatoire en ne composant toutes ces inscriptions que d'abréviations; en sorte qu'excepté quelques noms propres, tous les mots y sont tellement raccourcis, le plus souvent réduits à une seule lettre, qu'on pourrait y voir à peu près tout ce qu'on voudrait. Tant qu'ils restent dans certains titres officiels toujours les mêmes, et dont les abréviations étaient d'un usage constant, comme P M T P COS IMP P P, c'est-à-dire *souverain pontife, revêtu de la puissance tribunitienne, consul, empereur, père de la patrie,* ils n'ont qu'à copier la formule des inscriptions et des médailles; mais étendre le même système d'abréviations à tout le corps d'une inscription, il est évident que c'est dénaturer l'objet même de l'art épigraphique, et substituer des énigmes à des documents réels. Ensuite un emploi des plus étranges de ces signes abrégés est pour les chiffres, que les anciens représentaient, comme l'on sait, avec les lettres de leur alphabet, ayant alors une valeur numérique convenue. Il semble dans ces inscriptions que ce système n'existait pas; c'est presque toujours la première lettre du nom de nombre qui remplace la lettre chiffre.

Quel est le savant qui, dans les lettres suivantes : SDELUBRISSNF, lira *sancti delubri septem sacerdotes nobilioribus familiis?* Et que dirat-on de la manière suivante d'indiquer des dates RCMVSMAIKAVGCOSPQQF.. ANNAT, pour *Romœ conditœ millesimo vigesimo sexto, maii Kalendis Augustis, consulibus, patre quatuor et quadraginta, filio unum et viginti annos natis?* Les personnes curieuses de cette spécialité pourront se divertir à relever elles-mêmes une foule de traits de ce genre. Je me hâte de quitter cette partie de la réfutation, que je ne pouvais entièrement passer sous silence, et j'arrive au choix de l'époque et aux erreurs historiques, ou plutôt aux contes introduits dans l'histoire.

La seconde moitié du troisième siècle est marquée dans l'histoire romaine par la plus grande confusion. Déjà, depuis Pertinax, successeur de Commode, à la fin du siècle précédent, la promotion à l'empire n'eut plus absolument d'autre motif que le caprice des soldats. L'élévation et les trois ans de règne d'Héliogabale sont l'exemple le plus monstrueux du degré d'absurdité où peut arriver un pareil mode d'élection, et les quinze empereurs qui se succédèrent violemment pendant la première moitié du troisième siècle rendent étonnant le fait même de l'existence d'un si grand empire, dont le chef, sans cesse renouvelé, avait un pouvoir aussi absolu que précaire. Les invasions des barbares, qui se joignaient aux calamités intérieures, contribuaient plutôt, il est vrai, à empêcher la dissolution de ce grand corps, en réunissant les efforts de tous, sous quelques empereurs guerriers, pour repousser un fléau commun. Mais, lorsque Valérien eut été vaincu et fait prisonnier par Sapor, l'an 260 de notre ère, et que Gallien, son fils, au lieu de chercher à le délivrer, à le venger, et à garantir l'empire des irruptions sans cesse croissantes des barbares, oubliait, dan sles voluptés, tous ces fléaux et toutes ces ignominies, alors l'empire fut morcelé par une quantité de généraux qui prirent, chacun dans sa province, le titre suprême d'empereur, et que l'histoire désigne sous le nom des trente tyrans, nombre auquel les a portés Trébellius Pollion.

Cet historien, à qui on avait reproché d'avoir fait entrer dans cette liste des enfants et des femmes, pour compléter ce nombre de trente, auquel il paraissait tenir, nomme comme vingt-troisième et vingt-quatrième tyrans, Tétricus

le père et Tétricus le fils. De ces deux personnages, le premier seul mérite cette mention,
puisque, d'après Trébellius lui-même, le second avait reçu le titre de César étant encore
tout petit *(puerulus)*; et, son père n'ayant conservé que six ans son titre impérial, antérieur
à celui de César donné à son fils, ce jeune
homme pouvait avoir seize ou dix-sept ans lors
de la chute de son père, dont il partagea le
sort. Quant au père, il fut le cinquième ou le
sixième qui posséda, dans les Gaules, cette dignité impériale. Posthume, le premier, se l'é-
tait fait décerner par ses soldats en 260, après
avoir gouverné pendant sept ans, non seulement la Gaule, mais l'Espagne et la Grande-
Bretagne; il fut tué, et eut quatre successeurs
dans un an. Les deux premiers furent Lélien
et Victorin. Après la mort du second, sa mère
Victoria ou Victorina, décorée des titres d'*Au-
gusta* et de *Mère des camps*, ayant vu son petit-
fils tué presque immédiatement après son fils,
eut assez de crédit sur les troupes pour faire
élire un soldat nommé Marius, qui ne régna que
trois jours; et, après ce nouvel échec, elle sut
encore faire agréer aux soldats un empereur

de son choix, dans la personne d'un sénateur de ses parents, nommé Tétricus, qui remplissait, dans les Gaules, une magistrature appelée *præsidatus.*

Cette élection eut lieu en 267. Victoria, qui paraît avoir vécu encore un an ou deux, fit décerner, par les légions de la Gaule, le titre de César au fils de Tétricus encore enfant *(Puerulus a Victoria Cæsar est appellatus).* Le père garda celui d'empereur pendant six ans, c'est-à-dire la dernière année du règne de Gallien, les trois glorieuses années de Claude-le-Gothique, enfin les deux premières années du règne d'Aurélien. Ce prince, après avoir vaincu Zénobie, reine de Palmyre, se porta avec une rapidité incroyable sur Tétricus, dont ces six ans de règne paraissent avoir été plutôt six ans d'humiliation et de captivité. Car il était tellement esclave de son armée, qu'il écrivit à Aurélien de venir l'en délivrer, en s'appliquant ce demi-vers de Virgile : *Eripe me his, invicte, malis :* « Homme invincible, délivre-moi de ces maux. » Il ne se borna pas là, et, l'armée d'Aurélien ayant rencontré la sienne près de Châlons-sur-Marne, il passa, au commencement de l'action, dans le camp d'Aurélien avec son fils et quelques amis; son armée fut entièrement taillée en pièces. Crévier a excusé, jusqu'à un certain point, cette trahison, comme le seul moyen qui restait à Tétricus d'échapper à la tyrannie de ses soldats; mais Gibbon a exprimé de l'indignation pour une telle lâcheté. Il est certain que Tétricus acheta par là l'opulence et le repos dans lesquels il termina sa carrière. Mais auparavant il fut traité par Aurélien avec un mépris jusqu'alors inouï, sans doute justifié aux yeux du cruel empereur par la bassesse de sa trahison. Il servit, avec Zénobie, d'ornement au triomphe d'Aurélien; cette seule fois, le peuple et le sénat virent avec stupeur un sénateur romain, un personnage consulaire, marcher revêtu de la pourpre dans un triomphe romain, à la suite de la pompe des prisonniers barbares. Après une si grande humiliation, Aurélien poussa le mépris pour Tétricus jusqu'à lui accorder des faveurs et des distinctions, que celui-ci reçut avec une adulation digne de ces malheureux temps de décadence. Il vécut même riche et honoré, ainsi que son fils, qui parcourut à Rome la carrière des grands emplois.

Voilà les faits de l'histoire : c'est ce que rapportent Trébellius Pollion, Vopiscus, Aurélius Victor, Eutrope, Zonare. Il n'est pas très-facile, au reste, de démêler nettement ces faits au milieu de cette époque. « Nul règne, dit Crévier, n'est plus chargé que celui de Gallien d'événements qui se croisent, et dont le récit compliqué forme une espèce de labyrinthe où l'on se perd. » On peut en dire à peu près autant des deux règnes suivants. C'est, nous n'en doutons pas, ce qui en a fait choisir l'époque, pour nos inscriptions de moderne fabrique.

Il serait trop long de les examiner ici une à une. Bornons-nous à dire que l'idée principale qui y domine, savoir la reconnaissance d'un empire gaulois, d'un peuple gaulois distinct de l'empire et du peuple romain, est tout ce qu'il y a de plus contraire aux idées d'alors. La seule pensée d'une telle institution aurait à l'instant même fait massacrer l'imprudent général par les légions auxquelles il devait son titre impérial. La Gaule était romaine ; le titre de citoyen romain était celui qui flattait le plus un habitant de Bordeaux aussi bien que de Mantoue ou de Ravennes, et l'expérience de ces temps-là leur montrait qu'ils pouvaient arriver, comme les Romains de Rome, aux premières dignités, et même à l'empire. La pensée d'une séparation d'avec la métropole était ce qu'il y aurait eu de plus impolitique et de plus impraticable.

Autour de cette principale donnée se groupent une foule d'autres inventions aussi peu vraisemblables. Le petit Tétricus, qui dut à sa naissance le titre de César, et ensuite la triste prérogative de marcher à côté de son père dans le triomphe d'Aurélien, devient dans ces inscriptions un foudre de guerre, décoré des titres de Germanique, Britannique et vainqueur de la cité d'Autun. Son père, qui, d'abord par une vague indication, présentée presque immédiatement comme une assertion positive, se trouve parent de Claude-le-Gothique, fait avec ce prince un traité secret pour rester paisible possesseur des Gaules. Tandis que la lettre de ce vaillant empereur au sénat montre son profond chagrin de cette occupation qu'il regarde comme une des calamités de son règne : « Si je succombe, écrit-il, n'oubliez pas que je suis le successeur de Gallien. La république est de toutes parts fatiguée et épuisée... Nous manquons de dards, de piques et de boucliers. Les provinces les plus belliqueuses de l'empire, la Gaule et l'Espagne, sont entre les mains de Tétricus, et nous rougissons d'avouer que les archers d'O-rient obéissent à Zénobie. Quelque chose que nous exécutions, ce sera toujours suffisamment grand. »

On nous montre Tétricus donnant à ses Gau-lois une espèce de gouvernement représentatif, composé de deux cents patriciens, deux cents chevaliers désignés par l'empereur et quatre cents plébéiens élus par le peuple. Les idées constitutionnelles de notre époque sont éviden-tes dans cet édit si étranger à toutes celles d'a-lors, et où l'on considère comme un des corps de l'état l'ordre équestre, cette ancienne institu-tion de la république romaine, qui avait depuis long-temps disparu ; enfin où l'on donne pour ville principale d'une province Aix-la-Chapelle, fondée, comme on sait, par Charlemagne, où n'aboutissent aucunes voies romaines sur la ta-ble de Peutinger, et dont il n'existe aucun ves-tige antique, si ce n'est dans un vieux conte rapporté par nos anciens romanciers.

Tétricus fait encore aux druides, qui jouent

là le rôle de prédécesseurs des jésuites, la promesse de livrer son armée à Aurélien, et il a la
bonhomie de consigner ce bel engagement sur
le marbre. Il va sans dire qu'il a la plus grande
prédilection pour la ville de Nérac, et qu'il la
porte à un tel degré de splendeur, que les inscriptions la nomment divine, éternelle, etc.
Elles donnent aussi à Tétricus, de son vivant,
l'épithète de *Divus*. Une médaille de cet empereur, portant le mot CONSECRATIO, avait fait
soupçonner à Scaliger qu'on lui avait rendu
les honneurs de l'apothéose. Sur quoi Crévier
fait cette réflexion : « C'est un fait bien peu
probable que l'apothéose accordée à des hommes
morts dans la condition privée, et qui ne tenaient point à la famille régnante, et je crois la
chose sans exemple, au moins de la part du
sénat romain. Il n'est pas impossible que quelque peuplade de la Gaule, où les Tétricus
avaient régné, ait voulu témoigner ainsi sa reconnaissance pour leur mémoire. » Ce fait peu
probable devient, pour le grand défenseur des
inscriptions de Nérac, la vérité historique la
plus incontestable.

Si l'on veut voir la manière dont cet archéologue emploie les matériaux fournis par les historiens pour étayer l'édifice construit avec ces inscriptions, il faut comparer le passage suivant d'un de ses mémoires au texte dont il est la pompeuse paraphrase :

« Heureux dans le sein de sa patrie, remis en
» possession de tous ses biens, Tétricus fait
» construire sur le Mont-Cœlius, à la même
» place où était autrefois sa maison, un palais
» superbe, dont la dédicace a lieu avec des cé-
» rémonies peu différentes de celles qu'on
» observait pour la dédicace des temples. Au-
» rélien veut assister au banquet sacré qui fait
» partie de la cérémonie, et, en entrant dans la
» grande salle, il aperçoit un tableau en mo-
» saïque, où il est représenté remettant à Té-
» tricus et à son fils la *robe prétexte*, le *laticlave*
» et les autres marques de leur dignité, et rece-
» vant d'eux, en échange, la couronne civique
» et un sceptre, dernier attribut qui rappelait
» sans doute que par eux Aurélien avait eu
» l'empire des Gaules. »

Or, voici la traduction littérale du passage de Trébellius Pollion qui a fourni la matière de ce morceau : « Mon grand-père racontait avoir

connu assez particulièrement Tétricus le fils,
qui n'était effacé par personne à la cour d'Aurélien et de ses successeurs. La maison des Tétricus existe encore sur le Mont-Cœlius, entre
les deux bois sacrés du temple d'Isis Mételline.
C'est une fort belle maison où l'on voit un tableau en mosaïque représentant Aurélien qui
leur remet la robe prétexte, marque de la dignité sénatoriale, et qui reçoit d'eux un sceptre,
une couronne et un médaillon *. Quand cette
maison fut achevée, on dit que les deux Tétricus invitèrent Aurélien à y venir dîner, comme
pour en faire l'inauguration. » C'est tout simplement, comme on le voit, l'usage que nous
appelons : Pendre la crémaillère.

Quant aux deux bas-reliefs, celui qui, par une
sorte d'ironie cruelle, représente le triomphe de
ces deux princes , lesquels suivirent, au contraire, en captifs le triomphe d'un autre, contient plusieurs erreurs dans la draperie des
triomphateurs et dans l'habillement des soldats
conduisant le char. Les petits médaillons rem-
plissant les interstices ne sont pas non plus

* *Coronam, cyclum*, d'après la restitution de Saumaise.

dans le style de l'agencement. Sur un autre bas-relief, un papillon, la lettre grecque *théta* et le chiffre III placés à côté de la tête de Néra, qui aurait été femme de Tétricus, sont destinés à indiquer que cette dame était morte trois ans avant la sculpture de ce bas-relief. Cela en fait une espèce de *rébus* fort ingénieux.

Bien qu'il se soit mêlé dans la polémique amenée par ces monuments supposés un peu des mauvaises raisons de l'amour-propre mis en jeu, c'est pourtant un devoir de rendre hommage à la bonne foi de messieurs les archéologues du midi, même des plus prononcés en faveur de l'authenticité. M. de Crazannes est le seul, que nous sachions, dont les doctes doutes aient pressenti, dès le principe, la décision de l'Institut. M. Jouannet, qui concluait pour l'authenticité, avait fait pourtant, dans deux ou trois rapports à ce sujet, quelques remarques qui, pour un esprit moins prévenu, auraient été de suffisants traits de lumière. « Ce n'est pas la première fois, dit-il quelque part, que les ruines de Nérac nous jettent une énigme et bientôt après nous en donnent le mot. »

C'est ainsi en effet que, d'inscription en inscription, l'on est arrivé à obtenir les éléments d'une histoire de la Gaule très-substantielle, pendant les règnes de Valérien, Gallien, Claude et Aurélien. Le bruit court que quelque académicien du midi a déjà fait marché avec un libraire de Toulouse ou de Bordeaux pour publier l'histoire de la Gaule au troisième siècle, d'après ces fameuses inscriptions.

Peut-être M. Jouannet se serait-il évité beaucoup de peine à lui et aux autres, si, laissant de côté la crainte, sans doute très-louable de *troubler des cendres impériales*, en contestant l'authenticité de ces monuments, il avait tout de suite trouvé la véritable réponse à cette question qu'il se pose : « A quelle époque remontent les antiquités de Nérac? Cette réponse est : A l'année 1833.

Quant aux personnes qui, par je ne sais quelle fantaisie, se sont complues à fabriquer, puis à interpréter et à prôner ces inscriptions, ce qu'elles ont de mieux à faire est d'avouer quelles ont tenté une mystification, qui n'a pas été sans quelque succès.

GRANDE MOSAIQUE

DÉCOUVERTE A SAINT-RUSTICE (HAUTE-GARONNE).

Les restes grandioses des monuments de l'antiquité ont aujourd'hui, dans toutes les parties de la France, des appréciateurs éclairés. Partout il s'est formé des sociétés d'antiquaires, occupés à soustraire ces vénérables débris à la destruction que leur réservait trop souvent l'ignorance de la population des campagnes. Dans quelques provinces, comme en Normandie, les efforts de ces savantes compagnies, l'éclat répandu sur plusieurs de leurs découvertes, ont déjà dissipé une partie de cette ignorance, en popularisant, sinon le goût et le sentiment, du moins le respect de l'archéologie, et en appelant l'attention de tous sur ces restes de l'antiquité, puisqu'ils peuvent donner au lieu où ils sont trouvés une sorte d'illustration; à celui qui les trouve, un gain légitime, quelquefois considérable.

La Société des Antiquaires du midi finira peut-être par en obtenir autant du peuple de nos provinces méridionales ; mais ce sera plus long et plus difficile, car l'ignorance populaire y est bien plus grande qu'en Normandie. Que d'actes de destruction n'est-il pas résulté de cette ignorance sur un sol bien autrement fertile en débris de l'antiquité ! Des idées erronées sur la législation, entretenues soigneusement par des fripons, s'opposent à la publicité des découvertes de métaux précieux. C'est une chose crue généralement, que celui qui trouve un trésor en doit compte au gouvernement qui ne lui en laisse qu'une très-petite partie. Si vous cherchez à leur démontrer leur erreur, ces pauvres paysans vous prennent pour des espions de la police, et ils se renferment encore davantage dans leurs méfiances et leurs dénégations. Ils s'empressent de vendre, sous main et à vil prix, les médailles qu'ils trouvent dans leurs champs. Ceux qui les leur achètent ainsi ont un intérêt plus réel à ne pas publier un pareil trafic. L'ignorance et la cupidité conspirent donc à détruire en un instant ce que les siècles avaient respecté. C'est ainsi que soixante-quinze livres de médailles de bronze, d'or et d'argent, trouvées d'un seul coup à Saint-Rustice, ont disparu immédiatement.

Une autre source de destruction, curieuse peut-être comme tradition pour l'observateur moraliste, mais bien lamentable pour le zèle de l'archéologue, se trouve encore dans les idées superstitieuses. A Saint-Rustice ce ne sont que fragments de constructions antiques, à peine recouverts d'une mince couche de terre végétale. Dans un lieu voisin ces fragments se montrent même hors de la terre, et s'élèvent au milieu des ronces et des broussailles ; or, ce lieu est considéré comme funeste, et l'on fait un détour pour l'éviter. Cette idée superstitieuse, attachée aux ruines, s'applique aux objets trouvés, dont la matière n'offre rien de précieux ; et les statues de marbre même sont dans ce cas. Peu de temps avant la découverte de la grande mosaïque, à Saint-Rustice, les paysans y trouvèrent une statue de marbre intacte. En Normandie, où chaque arrondissement possède quelque amateur d'archéologie, dont les recherches sont connues dans chaque village, au moins du curé, on comprend assez bien l'intérêt que peut offrir un monument figuré pour s'en exagérer même l'importance et la valeur. Mais les paysans languedociens n'en sont pas encore là. Cette statue, à peine trouvée, fut placée comme but ou point de mire sur un tas de pierres, et les garçons du village, armés de cailloux, se plaçant à distance, firent à la fois preuve d'adresse et de haine contre l'idolâtrie, en lui lançant chacun sa pierre, et en lui cassant successivement, qui un bras, qui l'autre, qui une jambe... puis la tête, au cri triomphant et mille fois répété de *à tu, idole* (à toi, idole!).

Le récit de cet exercice iconoclaste, fait pour arracher des larmes de sang à un véritable antiquaire, n'est que trop vrai. Plusieurs faits de ce genre, racontés dans les salons de Toulouse pendant l'hiver de 1832 à 1833 par des propriétaires des environs de Saint-Rustice, excitèrent l'attentive curiosité des archéologues. Des fragments de toute sorte, trouvés chaque jour, annonçaient évidemment l'existence de ruines antiques que personne n'avait encore explorées, et qui démontraient en ce

lieu l'emplacement d'un établissement romain.
Nous ne rechercherons pas ici, d'après la table
Théodosienne, si l'indication des voies romaines,
et des principales stations, doit faire reconnaître dans une de ces station la position de
Saint-Rustice : ce serait nécessairement une des
questions à examiner dans le travail appro-
fondi qui mérite d'être fait sur ces fouilles importantes. Le fait d'un établissement romain
assez considérable, à cinq lieues N. O. de
Toulouse, sur la route de cette ville à Bordeaux, est prouvé surabondamment par la
grandeur et la quantité des ruines déjà trouvées à cet endroit.

La personne qui fit le plus d'attention à ces
renseignements fut M. Jules Soulages, jeune
Toulousain, qui, joignant à un goût prononcé
pour les études archéologiques un esprit entre-
prenant et persévérant à la fois, se rendit à
Saint-Rustice dès le printemps de l'année 1833,
recueillit tous les récits, toutes les traditions de
la localité sur tant d'objets précieux tombés en
des mains si profanes, examina tous les débris
qui en subsistaient, se fit conduire dans tous
les endroits où le sol portait les traces les plus

évidentes de constructions antiques ; et, voyant toutes les chances qu'offraient, dans un tel lieu, des fouilles régulières exécutées en grand, se décida à faire, avec un de ses amis, tous les frais nécessaires à cette exploitation archéologique, qu'il dirigea seul, avec un zèle et une intelligence dignes du beau succès dont elle a été couronnée.

Le résultat de ces fouilles fut la découverte d'un édifice de thermes, composé de trois parties étagées en terrasses et renfermant les différentes divisions de ces monuments si vastes à Rome, qu'Ammien Marcellin, dans son style ampoulé, les comparait à des provinces entières ; *lavacra in modum provinciarum*. Celui-ci, d'une grandeur fort remarquable pour un bourg dont le nom ne nous est pas parvenu, avait été construit, comme l'indiquent les fondations, au-dessous d'une colline où est encore une source très-bonne et très-abondante. Probablement elle fournissait l'eau de ces bains, et ils étaient chauffés aux différens degrés voulus pour les différentes salles, où l'on passait successivement de l'eau froide à l'eau tiède, puis à l'eau chaude, et enfin dans l'étuve : de là, comme on sait, les quatre salles appelées *frigidarium*, *tepidarium*, *caldarium* et *laconicum*, qui se trouvaient ordinairement dans les thermes.

Nous n'entrerons dans aucun détail sur les deux terrasses inférieures qui ont été déblayées en entier, dont le plan a été dressé sur les lieux, d'après toutes les fondations et les constructions souterraines telles que l'*hypocaustum*, et où un œil exercé apercevra sans doute les autres parties de la distribution d'un palais de thermes.

C'est la partie de la terrasse supérieure qui a rendu ces fouilles si remarquables. Ce tiers de l'ancien édifice ne consistait qu'en une grande salle de 15 mètres de longueur sur 6 et demi de largeur. La forme est un long parallélogramme, entouré de huit hémicycles, un à chaque bout et trois de chaque côté. Elle était entièrement pavée en mosaïque; seulement, sur les côtés, entre l'hémicycle du milieu et les deux autres, avait été réservé un espace en ligne droite, où l'aire sans ornement semble indiquer que devaient se trouver des piédestaux surmontés de statues, et il est probable que la statue dont nous avons décrit le malheureux sort en était une. On sait qu'il y avait, dans tous les thermes complets, de ces grandes salles où les arts épuisaient leurs ressources, et où les matières les plus précieuses fournissaient le tribut de leur magnificence. C'était là qu'on se réunissait, avant et après le bain. A Rome, les philosophes, les rhéteurs, les poètes, y rassemblaient autour d'eux les amateurs de leurs talens. La même chose avait lieu, avec de moindres proportions, dans les provinces.

M. Soulages a fait déblayer le sol de cette salle avec le plus grand soin, et en a mis à découvert tout le pavé, dont la mosaïque, dans la plus grande partie, est très-bien conservée. En voici la disposition :

Dans l'hémicycle du côté de l'entrée est un ovale formé par une bordure riche et élégante, et dans ce cadre est une femme couchée représentant *Aréthuse*, ainsi que l'indique son nom écrit en grec dans le haut de la bordure. Au-dessus deux figures à queue de poisson, dont il ne reste qu'une partie des bras, du dos et de la queue, étaient représentées comme supports, et aux côtés de l'ovale sont écrits les mots *Siceliôtès* et *Tritogénios*.

En avançant entre les deux premiers hémicycles latéraux , la partie droite manque ; mais
dans le milieu sont un chien de mer et un dauphin , et dans l'hémicycle à gauche une néréide
assise sur la croupe d'un triton : elle tient une
draperie qui flotte en demi-cercle au-dessus de
sa tête. Le triton est cornu et barbu ; tout son
corps, jusqu'au-dessous du nombril , est d'un
homme , au lieu de jambes il a deux nageoires,
et la partie postérieure de son corps est une
longue queue de poisson ; de la main gauche il
tient la conque , dont il sonne , et de la droite
il donne un coup de trident à une sorte de dragon marin qui se retourne contre lui. Les
noms des deux divinités sont, comme tous les
autres, écrits en caractères grecs au-dessus de
leur tête : celui de la néréide est *Doto*, et celui
du triton *Nymphogénès*. Un crabe est au-dessous d'eux.

Entre ces deux premiers hémicycles latéraux et ceux du milieu est l'espace où nous
supposons qu'était placée, de chaque côté, une
statue intermédiaire. La partie de la salle comprise entre ces deux espaces offre, sur la mosaïque, d'abord deux figures à cheval : l'une ,

Leucas, sur un lion marin ; l'autre, *Xantippe,* sur un cheval marin. Ces figures sont en regard et sont pleines de mouvement, surtout celles des animaux.

Au-dessus commence le bas d'une vaste draperie carrée dont quatre petits génies retiennent les angles, et où est représentée une tête colossale de l'Océan, de neuf pieds de haut, et formant le milieu de cette mosaïque. Cette tête, d'un grand caractère, est d'un effet imposant. Trois fleuves lui coulent de la bouche, au coin de laquelle sont de petits dauphins ; il en sort aussi de ses oreilles. Des perles, disposées comme la queue d'une écrevisse, ornent ses cheveux. Cette draperie s'élève dans les trois quarts de l'espace qui est entre les deux hémicycles latéraux du milieu.

A sa droite est le groupe d'un dieu marin et d'une néréide. Le dieu marin, cornu et barbu, *Borios,* est vu de dos ; il tient à la main un objet dont une partie est détruite, et a sur les épaules un manteau d'écailles de poisson. Il est appuyé sur deux hastes pures, placées transversalement, où est assise à côté de lui la néréide *Pa-nopéa,* avec deux bracelets à chaque bras, un collier, une robe de diverses couleurs, et sur la tête une sorte de couronne. Elle tient de la main droite un portrait dans un médaillon, et de l'autre une urne fluviale. Cette figure est d'un assez bon style.

A gauche, en pendant de ce groupe, est celui de *Glaucus*, *Ino* et *Palémon*. Glaucus a quatre cornes, dont deux sur le front et deux recourbées sur les tempes, en manière de roseaux, un manteau d'écailles de poisson, des nageoires au lieu de jambes, et une queue sur laquelle est assise Ino, dont les pieds portent sur deux hastes disposées comme au groupe d'en face. Sur sa tête flotte une draperie, dont les bouts sont passés sous ses bras. De la main gauche elle tient son sein, et elle étend la droite sur le petit Palémon, que lui présente Glaucus. Ses bras sont ornés de bracelets, et ses cheveux de tresses de perles.

Au-dessus, entre le second espace où nous supposons qu'étaient, de chaque côté, des statues, une femme nue, dont les épaules et la tête manquent, est assise sur un animal marin dont la tête manque également, mais que ses pieds fourchus, et l'élégance de son cou, peuvent faire supposer être un cerf. Cette figure de femme a de la grâce ; son bras gauche, le seul qui subsiste, a un bracelet. En regard, il reste seulement un pied et le bas de la robe d'une autre figure, également assise sur un animal à pieds fourchus. Sous cette figure plonge un dauphin. Ces deux groupes font évidemment le pendant de ceux de Leucas et de Xantippe, montées sur un lion et sur un cheval marin, et qui sont avant la tête de l'Océan. Il règne, dans l'agencement de cette mosaïque une symétrie, qui, par la partie conservée, permet facilement de se représenter ce qui manque.

Toute la portion comprise entre les deux derniers hémicycles latéraux et celui du fond est détruite, excepté le sujet de droite représentant *Thétis* et *Triton*. Si l'on entreprend la restauration de ce qui manque à la partie antérieure, en s'arrêtant à ce dernier espace compris entre les trois hémicycles du fond, on pourra faire servir ce groupe à remplir l'espace vide en bas à droite, en regard du groupe de Doto et Nymphogène. La figure de Thétis est d'un mauvais dessin ; elle est vue de face, a des bracelets de perles à chaque bras, un collier de

perles, des tresses de perles dans les cheveux.
Le bout de son bras droit manque. Elle appuie
la main gauche sur l'épaule de Triton, qui joue
de la flûte de Pan en la tenant à deux mains. Il
est cornu et imberbe; son visage ne manque
pas d'expression; son torse est même d'un dessin assez savant. Il a, comme les autres, au lieu
de jambes, des nageoires. Thétis a un manteau
long, que l'on voit seulement tomber derrière
ses bras, et qui revient par-devant au bas du
torse. Toutes ces figures sont de grandeur naturelle.

Les sujets de ce riche et élégant pavé sont
tout homériques et entièrement empruntés à
l'ancienne mythologie grecque, comme l'étaient,
au reste, la plupart des ornements des palais
romains. L'on sait que, depuis la direction
donnée par Winckelmann, les investigations
de la critique ont ramené à des sujets de ce
genre beaucoup de monuments où l'on avait
cru voir des sujets historiques. Ici ces divinités
marines sont empruntées à Homère et à Hésiode.
Le premier de ces poètes donne les noms de
trente-deux néréides au commencement du dix-
huitième livre de l'Iliade, lorsque Thétis sort

de la mer pour venir consoler son fils, désespéré
de la mort de Patrocle. Hésiode en nomme qua-
rante-une, vers 349 et suivants de sa Théogo-
nie, et il ajoute :

« Ce sont les filles antiques de l'Océan et de
» Téthys. Il y en a encore bien d'autres, car
» ces légères Océanides sont au nombre de trois
» mille; race brillante de déesses, répandue
» même sur la terre, où elles habitent les pro-
» fondeurs des lacs. Pareil est aussi le nombre
» des fleuves aux ondes retentissantes, fils de
» l'Océan et de la vénérable Téthys. Il serait
» bien difficile à un mortel de dire tous leurs
» noms; mais les hommes connaissent les noms
» de ceux auprès desquels ils demeurent. »

Homère dit aussi dans le vingt-troisième livre de l'Iliade que « tous les fleuves, toutes les
» mers, toutes les sources et tous les lacs pro-
» fonds viennent de l'Océan. » On voit donc
que ces anciens poètes ont fourni les sujets et
l'ordonnance générale de cette mosaïque, où la
tête colossale de l'Océan, avec les fleuves qui
coulent de sa bouche, est au centre, entourée
de tritons et de néréides qui représentent allé-
goriquement les autres eaux de toutes sortes.

Parmi leurs noms, tous écrits en grec, ceux d'Aréthuse, de Thétis, Triton, Glaucus, Ino, Palémon, Panope, sont bien connus. Doto est nommée dans l'énumération homérique. Les noms de Leucas, Xantippe et Borée sont très-connus, mais sans être donnés ailleurs, que je sache, à des divinités marines. Enfin ceux de Nymphogénès, Tritogénios, Sicéliotès, composés très-étymologiquement, paraissent ici pour la première fois, et pourront enrichir les dictionnaires. Le premier est écrit *Nynphogénès*, ce qui tient à la prononciation des Grecs, où la lettre *n* devant un *p* prend le son de l'*m*, identité de son qui aura trompé l'ouvrier. Par la même raison, sans doute, le mot *Boréios* est écrit *Borios*. Enfin le mot *Tritogénios*, endommagé, peut se lire seulement d'après une conjecture que je hasarde comme probable, sur ce qui reste.

La forme des lettres est celle de beaucoup d'inscriptions des premiers siècles de notre ère. C'est le caractère capital avec le *sigma* et l'*epsilon* luniformes, l'*alpha* et l'*ôméga* du caractère oncial. Ces signes, non plus que les deux fautes d'orthographe, ne peuvent préciser la date de ce monument. Restera donc, comme indication, les médailles trouvées dans ces fouilles, et surtout la nature des constructions et le style des objets d'art. Quant aux médailles, elles vont, dit-on, du troisième au cinquième siècle.

Un tel édifice, construit dans la Gaule avec toutes les habitudes de l'antiquité et les ornements de la mythologie, ne peut être guère postérieur au quatrième siècle. Les figures de la mosaïque sont d'une exécution inégale; mais la disposition et l'effet en sont en général satisfaisants. Il ne faut pas oublier que ces anciennes mosaïques, employées au pavé de salles d'un usage journalier, visaient plus à la solidité, à un certain effet d'ensemble, qu'à cette perfection admirable de quelques grandes mosaïques modernes, telles que celle qui est placée dans le Musée des Antiques, à Paris, et surtout les copies de quelques chefs-d'œuvre de la peinture, faites à Rome, de même grandeur que les originaux, comme la mosaïque de la Transfiguration de Raphaël, celle de la Communion de saint Jérôme du Dominiquin, qui sont comparables, dit-on, à nos tapisseries des Gobelins, et assurent une durée indéfinie aux sublimes compositions de ces grands maîtres. Mais les prismes des différentes pierres qui servent à ces admirables ouvrages ont jusqu'aux plus petites dimensions, tandis que pour ces pavés auxquels les anciens ont borné l'emploi de la mosaïque, les prismes sont ordinairement de plusieurs lignes de surface.

Tels sont ceux de la mosaïque de Saint-Rustice. Quant à leurs matières, ce sont la pierre calcaire, des marbres, des silex, des pâtes de verre, etc. M. Soulages a fait recueillir avec soin tous ceux qui provenaient des débris des parties détruites; il les a fait trier minutieusement et placer dans différentes caisses, ce qui permettrait d'employer, pour les parties à restaurer, les matières mêmes qui avaient formé les parties détruites. Il a encore fait preuve de beaucoup d'intelligence en enlevant dans son intégrité et en faisant transporter à Paris le fragment qui se voit aujourd'hui au bas du grand escalier à la Bibliothèque du Roi. Car c'est à cet établissement que M. Soulages a cédé

son monument en se bornant au remboursement de ses frais. Espérons que nous verrons
bientôt cette vaste mosaïque toút entière déco-
rer le pavé d'une des salles basses de notre grand
dépôt des connaissances humaines.

L'HOTEL DE CLUNY,

Jamais l'hôtel de Cluny n'a eu de mobilier plus ancien qu'aujourd'hui, puisqu'une moitié est contemporaine de sa construction, et que l'autre lui est bien antérieure. Qui ne connaît, ou du moins qui n'a entendu citer la merveilleuse collection de M. du Sommerard? Lui-même a rédigé une notice sur l'hôtel qu'il occupe, sur tous les souvenirs qu'il y a ressuscités en y ramenant avec lui la fin du moyen-âge et le temps de la renaissance; enfin, sur l'antique palais romain qui, contigu à cette demeure, réunit, sur ce point de Paris, dans un espace peu étendu, le moyen-âge avec l'antiquité.

A la fin du siècle dernier et pendant tout le premier quart de celui-ci, les monuments historiques de notre France furent victimes d'un bien inconcevable dédain. Il fallait, il y a trente ans, un jugement vraiment indépendant et une grande force de volonté pour se soustraire à cet esprit de partialité, et pour opposer au vandalisme destructeur tous les moyens de conservation dont on pouvait disposer. Sans doute plus d'un homme éclairé dut gémir de la tendance de l'art, qui sanctionnait, pour ainsi dire, par ses principes exclusifs, et consommait, par l'abandon et le mépris, l'œuvre d'une fureur dévastatrice. Mais deux hommes essayèrent, dès lors, de s'opposer activement à ce torrent, M. Alexandre Lenoir et M. du Sommerard.

M. Alexandre Lenoir en donnant à ses vues de conservation un caractère grandiose et monumental, fut choisi, dès 1791, par les hommes qui, comme l'abbé Grégoire, effrayés de la rage destructive des démolisseurs, cherchaient à introduire l'ordre dans le désordre, et à sauver, au nom des arts, les monuments en butte à la fureur de tant de passions hostiles.

« Cependant, dit M. du Sommerard, les

paroxismes de notre délire révolutionnaire devinrent si violents, qu'il ne dépendait même
pas de nos tout-puissants législateurs d'en res-
treindre les effets au profit des arts. »

« La convention nationale, écrivait en l'an III
M. Alexandre Lenoir, rendit plusieurs décrets
en leur faveur. Son comité d'instruction publique créa une commission composée de gens de
lettres et d'artistes, pour veiller à la conservation des monuments des arts. Bientôt, de cette
réunion précieuse sortit un nombre considérable de mémoires, d'adresses et de rapports,
qui portèrent la lumière dans les départements ;
et l'on parvint à arrêter le bras de la sottise,
qui abattait les statues, déchirait les tableaux
les plus précieux et fondait les plus beaux bron-
zes. De l'abbaye de Saint-Denis, que le feu
semble avoir incendiée, du sommet des voûtes
jusqu'au fond des tombeaux, j'ai retiré les magnifiques mausolées de Louis XII, de François Ier, de Henri II, de Turenne, etc. O mal-
heur ! ces chefs-d'œuvre de l'art avaient déjà
éprouvé la fureur des barbares. Une grande
partie de ces monuments qui attestaient la gloire
de la nation, mutilés, et leurs ruines éparses

dans un cimetière, étaient cachés sous l'herbe et recouverts de mousse. J'en ai recueilli les restes précieux que je puis restaurer. Heureux si je puis faire oublier à la postérité ces destructions de l'ignorance ! »

On sait comment M. Alexandre Lenoir remplit cette noble ambition. Ce Musée des Monuments français, où l'on parcourait, de salle en salle, les différentes époques de l'histoire des arts parmi nous, était une glorieuse conquête sur la destruction. M. du Sommerard, dans la notice à laquelle nous consacrons principalement cet article, regrette sincèrement cette « belle conception, qu'on rendit victime de sa tache originelle, par l'application mal faite d'un principe très-conciliable, à notre avis, avec sa conservation. » Il indique en effet les moyens par lesquels le gouvernement de la Restauration aurait pu conserver au Musée des Petits-Augustins une grande partie de ses trésors, du consentement de leurs possesseurs primitifs, et remplir ensuite les lacunes formées par les objets enlevés. Au lieu de cela, si on lit dans cette notice le sort qu'ont éprouvé une grande partie des débris de ce musée si national, on verra quelle barbarie il y a encore dans nos mœurs, au sujet des beaux-arts. Aussi, M. du Sommerard, fort d'une triste expérience, n'ose encore se joindre à ceux qui proclament avec une confiance pleine de candeur, « que les temps de la destruction sont passés, et que ceux de la conservation et de la réédification commencent. »

C'est surtout pour M. Lenoir qu'un tel espoir serait bien difficile à embrasser de nouveau. Quant à M. du Sommerard, sa lutte contre le vandalisme n'a eu ni les mêmes caractères ni les mêmes vicissitudes. Un goût éclairé et indépendant lui fit recueillir, dès le commencement du siècle, des meubles et des ustensiles que leur admirable exécution ne sauvait pas de destructions conseillées alors par l'intérêt ; car on trouvait moins de profit à vendre intacts ces beaux morceaux dont personne ne voulait qu'à les détruire pour en extraire les matières précieuses qui en faisaient partie. Il y avait même tels ouvriers, espèce de suppôts du vandalisme, qui, sans comprendre la portée de leur barbare occupation, ne faisaient guère autre chose que fendre, casser, raboter, démantibuler, brûler les délicieuses sculptures de tant d'anciens meubles, pour en extraire l'or, l'argent, les cuivres, les ferrures. Les véritables barbares, c'étaient les artistes d'alors, professeurs de mépris, au nom de l'antique, pour ces chefs-d'œuvre, et les déclamateurs qui embrassaient, dans leur dénigrement, toutes les œuvres du passé.

Pour l'amateur qui avait su se préserver de cette fièvre imitatrice, c'était, chaque jour, le spectacle douloureux de la barbarie sous toutes les formes ; mais aussi obtenait-il souvent, à vil prix, ce qu'il pouvait lui soustraire. Ainsi commença sans doute cette belle collection. La possession d'un objet précieux amenait le désir d'un autre ; ceux qui s'offraient d'eux-mêmes mettaient sur la voie de ceux qu'il fallait chercher. M. du Sommerard devint ainsi un habile et heureux chasseur, à la piste des chefs-d'œuvre des anciens meubles, et de cette chasse de trente-cinq années est provenue une collection dont la magnificence surpasserait de beaucoup les moyens d'un particulier, si ces objets avaient toujours été au prix où ils sont aujourd'hui.

Son appartement, ainsi meublé, est devenu un musée où la foule élégante, admiratrice plus ou moins éclairée de ces vieux objets rajeunis

par le vernis prestigieux de la mode , a demandé ,
comme une faveur, d'être admise. Et , quand ,
par une idée qu'on peut dire heureuse avec plus
de raison que ces innombrables *idées heureuses*
de tous nos prospectus , M. du Sommerard
transporta son riche et antique mobilier dans
le vieil hôtel des somptueux abbés de Cluny ,
la vogue devint une fureur , et je ne sais comment ferait aujourd'hui cet honorable magistrat
s'il voulait user du droit qu'a tout particulier
de rester tranquille chez soi. Il est vrai que celui qui possède et surtout qui a composé une
pareille collection doit avoir une grande jouissance à la faire admirer aux autres , quand il
voit une admiration sincère remplacer enfin la
curiosité que dut seule exciter long-temps ce
qu'on appelait sans doute le goût bizarre du
bonhomme.

M. du Sommerard a été plus heureux que
M. Lenoir. Tandis que celui-ci voyait le noble
musée , objet de tous ses soins , dispersé, et ses
monuments exposés à de nouvelles dégrada-
tions, sans avoir pu arriver à une époque de
véritable appréciation comme la nôtre, la collection du premier continuait à s'enrichir cha-

que jour, pour paraître enfin dans toute sa gloire à l'hôtel de Cluny.

En joignant à la notice de cet hôtel celle du palais des Thermes, qui est contigu, M. du Sommerard a saisi avec empressement une occasion de payer un juste tribut d'hommage à l'ancien conservateur du Musée des Petits-Augustins. Cette occasion était naturellement offerte par le beau projet de M. Albert Lenoir, son fils, architecte dont l'Académie des Inscriptions et Belles-Lettres a plus d'une fois couronné les savants travaux, et qui attira en 1833 l'attention de cette compagnie sur l'intérêt qu'offrirait pour la recomposition d'un musée d'antiquités nationales par époques la réunion de l'hôtel de Cluny et du palais des Thermes, en complétant la jonction de ces deux édifices historiques par des constructions de style intermédiaire.

« Cette disposition, entièrement dans l'esprit du siècle, dit M. Albert Lenoir, offrirait tout l'attrait d'une étude facile de l'histoire : nos annales deviendraient populaires, lorsque les monuments eux-mêmes les dérouleraient sous nos yeux. »

Et, lorsqu'on pense que l'exécution d'un tel plan, auquel était joint le devis le plus détaillé, ne coûterait pas la moitié du prix de ces édifices en planches légères, qui s'élèvent, comme d'un coup de baguette, pour les circonstances les plus transitoires, on ne peut s'empêcher d'éprouver un regret véritable. Oui, ce seraient là des moyens honorables en même temps que peu coûteux de jeter un pur éclat sur un règne, sur une administration.

Joignons nos vœux à tous ceux qui ont été exprimés pour voir se relever ainsi un Musée de Monuments français, et, puisqu'en fait de souhaits il n'en coûte pas plus de vouloir les choses complètes, souhaitons de voir M. Albert Lenoir, nommé conservateur des monuments de haute sculpture, conduisant les visiteurs empressés à travers l'antique palais des Thermes et la galerie d'époque intermédiaire qui y ferait suite, jusqu'aux appartements de l'hôtel de Cluny, où il les remettrait aux mains de M. du Sommerard nommé aussi conservateur de sa belle collection de meubles, alors acquise par le gouvernement pour compléter ce musée.

En attendant la réalisation de ce vœu, M. du Sommerard admet, à de certains jours, la foule élégante dont nous avons parlé, et à laquelle il fait, avec une complaisance extrême, les honneurs de sa magnifique collection. Quoique la grande richesse de cette collection y entasse les objets, et nuise ainsi à l'effet qu'ils produiraient plus largement espacés, ces objets ont pourtant le mérite d'être chacun à sa place. Le salon, le vestibule, l'oratoire, la salle à manger, la galerie, la chambre à coucher, la chapelle, etc., sont garnis de leurs meubles respectifs, comme servant à leur propriétaire, à la manière dont nous pourrions nous servir des meubles de la rue de Cléry ou du faubourg Saint-Antoine. Cette intention est plusieurs fois indiquée, notamment par le piano moderne, entièrement revêtu de parois d'ébène délicieusement sculptées, provenant d'un de ces anciens instruments à touches, appelés *virginelles.*

Nous ne partageons pas l'opinion de ceux qui critiquent ce meuble ainsi composé par M. du Sommerard. Plusieurs de ces critiques sont peut-être dues à la prétention de se montrer connaisseurs, en déclarant de mauvais goût, à côté des vieux meubles complets dans leur état primitif, un assemblage de parties anciennes, réunies par la fantaisie d'un amateur. La décoration de ce piano nous a paru, au contraire, faire honneur au goût de M. du Sommerard, lequel donne la preuve d'ailleurs qu'il existait au seizième siècle des instruments de la forme de nos pianos carrés. Aux angles de celui-ci, se détachent avec avantage, sur les sombres bas-reliefs de l'ébène, quatre charmantes petites statues d'ivoire, portant des instruments de musique, et d'une pureté de formes, d'une élégance d'agencement, signalant les plus beaux temps de la renaissance.

Une foule d'autres statuettes, de vases, de sculptures de tout genre, en divers bois, surtout de ce vieux bois de poirier, qui joue le bronze à s'y méprendre, prouvent évidemment que nos anciens, non seulement ne nous étaient pas inférieurs en invention, en expression et en dextérité, mais même, il faut bien le dire, qu'ils nous étaient supérieurs dans toutes ces parties de l'art. Nous engagerons les incrédules qui voudraient vérifier cette assertion à se faire présenter à M. du Sommerard, et nous leur signalerons, comme un exemple de cette supériorité dans les arts, non seulement du seizième, mais du quinzième siècle sur le dix-neuvième, un morceau qui n'est pas encore restauré, mais qui, dans ses quelques pieds cubes de bois, renferme peut-être plus de belles parties que toute une exposition annuelle de sculpture au Louvre : c'est le *rétable* d'Everborn, placé au milieu de la paroi de la chapelle, qui fait face à la porte d'entrée, morceau de la fin du quinzième siècle.

Nous ne nous lancerons pas dans le commencement d'une énumération abrégée, que l'embarras du choix rendrait beaucoup trop difficile. Cette énumération se trouve d'ailleurs présentée avec méthode dans le volume de M. du Sommerard, qui a pour titre : *Notices sur l'hôtel de Cluny et sur le palais des Thermes, avec des notes sur la culture des arts, principalement dans les quinzième et seizième siècles.*

L'auteur, en décrivant l'hôtel de Cluny, nous en fait parcourir les pièces principales, et, dans chacune, appelle l'attention sur les principaux objets dont il l'a meublée. C'est un heureux cadré pour joindre l'histoire technologique à l'histoire monumentale. Les notes annoncées par le titre, et qui forment plus de la moitié du volume, sont amusantes et instructives. Ce caractère d'originalité, auquel tant de gens prétendent, appartient certainement à M. du Sommerard : il l'a prouvé en devançant presque seul, pendant tant d'années, le goût qui règne aujourd'hui.

On trouvera donc, dans son livre, une foule de vues et de réflexions saillantes. Il y a bien des faits curieux dans ce volume ; et qui saurait s'en servir avec art, et les placer à propos, y pourrait puiser la réputation d'une sorte d'érudition historique.

M. du Sommerard, que ses goûts ont appelé à étudier l'histoire, de la bonne manière, c'est-à-dire dans les détails et d'après des monuments contemporains, a pourtant cédé au désir d'illustrer les lieux qu'il décrivait, en admettant parmi les documents très-authentiques dont il se sert, une anecdote, sans doute fort piquante, mais qui, nous devons le dire, nous paraît, jusqu'à plus ample informé, devoir rester dans le domaine du roman. C'est l'aventure de la chambre de la reine Blanche, où François Ier, peu de jours après la mort de Louis XII, en surprenant, d'une manière aussi peu discrète qu'utile à ses intérêts, Marie d'Angleterre, veuve de son prédécesseur, et le duc de Suffolk, et en leur fournissant à l'instant même les moyens de légitimer l'attrait qu'ils éprouvaient l'un pour l'autre, sut échapper au danger qui le menaçait de se voir *donner un maître*.

Quoi qu'il en soit, la prétendue chambre nuptiale est connue réellement par tradition, dans l'hôtel de Cluny, sous le nom de *chambre de la reine Blanche*. Il y a là une coïncidence qui est le plus fort argument de M. du Sommerard ; car il a consigné, à ce sujet, une remarque intéressante et propre à expliquer plusieurs passages de l'histoire, qui seraient incompréhensibles sans cette clef. C'est que dans tous les cas où il est question de *reine Blanche*, et où évidemment, comme ici, on ne peut l'entendre de la mère de saint Louis, il s'agit des reines veuves, par l'usage des reines de France de porter le deuil en blanc. « Henri III, en arrivant à Paris, alla saluer la reine Blanche, » dit l'Estoile. C'était Elisabeth d'Autriche, veuve de Charles IX.

M. du Sommerard a versé à pleines mains, dans son livre, des notions variées qui en font un répertoire anecdotique fort curieux pour le quinzième et le seizième siècle. On aime à y lire surtout des renseignements sur nos premiers artistes en tout genre, à l'époque de cette grande fermentation intellectuelle. Plusieurs trouvent là une juste réparation de l'oubli des biographies ; quelques monuments anonymes, d'une véritable perfection, font plus d'une fois remarquer à l'auteur la modestie désespérante de ces bons *ouvriers* d'alors, si simples dans leurs habitudes, et si sublimes dans leurs conceptions et leurs œuvres.

Ces intéressantes digressions se rattachent si naturellement au sujet, que M. du Sommerard aurait pu, en modifiant un peu son plan, les faire entrer dans le corps de ses notices. Car les notes si longues et si multipliées, qui, placées au bas des pages, appellent sans cesse la curiosité du lecteur, rendent fatigante et décousue la lecture du texte, interrompue à chaque

ligne. Les autres notes plus longues, rejetées à
la fin, sont accompagnées, de même, de notes
au bas des pages, tout aussi multipliées. C'est
là un défaut dans la forme de cet ouvrage.
M. du Sommerard pourra nous dire qu'il n'a
pas voulu faire un ouvrage, mais une notice, un
catalogue. A cela nous lui répondrions qu'il a
fait beaucoup mieux, et que son volume, même
avec le défaut que nous avons cru pouvoir signaler dans la forme, est un des répertoires les
plus substantiels en notions instructives et en
aperçus ingénieux sur l'art, l'industrie, l'histoire, les habitudes et les mœurs de nos pères.

MUSÉE D'ANTIQUITÉS NORMANDES

A ROUEN.

Dans une des parties les plus élevées de la ville de Rouen, un ancien couvent, du nom de Sainte-Marie, plus heureux dans son changement de fortune que tant d'autres édifices du même genre, est devenu le domaine que se sont partagé de nobles arts. Là, sous la direction de M. Langlois du Pont-de-l'Arche, la jeunesse normande fait revivre cette ancienne académie de peinture de Rouen, qui, d'après les renseignements fournis par M. Langlois lui-même, était fréquentée, au milieu du siècle dernier, par plus de trois cents élèves, et dont la réputation s'était répandue dans toute la France. Là aussi un cabinet d'histoire naturelle s'enrichit chaque jour de dons nouveaux.

Une troisième partie de cet édifice, qui du culte de la religion a passé à celui de la science, est consacrée aux antiquités normandes. Ce musée a été fondé en 1832, et il faut avoir vu, comme nous, quels ont été alors ses faibles et informes commencements pour apprécier le mérite de M. Deville, conservateur, ou plutôt créateur de ce dépôt remarquable. Son activité, jointe aux ressources d'un esprit ingénieux et inventif, n'a pas tardé à rendre effective une mesure qui, sans lui, n'aurait peut-être existé que sur le papier. Grâce à lui, au contraire, elle n'a pas tardé à devenir un fait très-consistant. Il n'avait pourtant, avec son titre de conservateur, qu'une allocation peu considérable et la jouissance de deux côtés d'un cloître de l'ancien couvent que nous avons nommé. Il eut d'abord à disposer ce cloître, de manière à en faire une galerie fermée, en même temps que bien éclairée, et décorée d'une manière analogue à sa destination. Les arceaux, en ogive, de l'ancienne construction monacale, se prêtaient fort bien à ce double but.

Sous la direction du conservateur, ces arceaux furent répétés par des ouvriers intelligents, de manière à remplacer un mur intérieur et à former une double galerie, ayant jour d'un côté sur la rue, de l'autre, sur la cour du cloître. Des armoires en chêne, du même style que ces salles, si bien appropriées à leur destination, occupèrent les espaces pleins; et cependant arrivaient les objets qui devaient les garnir.

L'appel fait au patriotisme des Normands fut entendu de tous côtés: ce fut la source la plus féconde; elle augmenta encore le caractère de nationalité provinciale de cette collection, dont toutes les pièces ont quelque rapport à la Normandie, soit par leurs donateurs, soit par les lieux où ils ont été trouvés, soit par les souvenirs qu'ils réveillent, les monuments, les hommes illustres auxquels ils se rapportent. Dès son premier arrangement, cette collection se trouve ainsi assez nombreuse pour être classée en trois parties, où viendront se placer tous les monuments qui enrichiront successivement ce musée, suivant qu'ils appartiendront à l'époque romaine, au moyen-âge ou à la renaissance.

Parmi les monuments de la première de ces

trois époques, on remarque d'abord plusieurs tombeaux en pierre, découverts à Rouen même. L'un était celui d'Everinus, fils d'Everus, ainsi que l'indique l'épitaphe EVERINI EVERI FILI. Un autre n'a point d'inscription, mais il est orné de sculptures qui représentent deux têtes au milieu de boucliers et d'enseignes enlacés ; sur les deux bouts sont figurées des draperies. On a trouvé dans ce sarcophage quelques médailles et un fragment d'étoffe brochée en or ; d'autres sépultures avoisinaient celle-ci. C'est au même lieu qu'a été trouvé un beau gobelet en verre, parfaitement conservé, et sur la panse duquel on remarque des gouttes de verre coloré, rangées symétriquement.

L'armoire où est ce vase en renferme beaucoup d'autres de la même matière, et fournis principalement par les petites villes de Cany auprès de Fécamp, et de Lunerai auprès de Dieppe. Dans le nombre sont quelques petites fioles contenant encore le liquide qui y fut versé. L'ouverture par laquelle il fut introduit est fermée avec du verre, ce qui explique cette étonnante conservation, après plus de quinze siècles de séjour dans la terre. A Yébleron, dans le pays de Caux, a été trouvée une belle urne en verre, haute d'environ un pied, dans laquelle étaient des os et une médaille de Marc-Aurèle. La forêt de Maulevrier a fourni un pied de bronze, qui a attiré l'attention de l'Académie des Inscriptions et Belles-Lettres et de celle des Sciences, auxquelles M. Deville l'a communiqué; il a été l'objet d'un savant mémoire de M. Jomard à la première de ces compagnies. A côté de ce monument précieux sont un poids en bronze, donnant la livre romaine; une petite clef de même matière et d'une élégante exécution; un dez à coudre, également bien conservé; et une quantité d'épingles de tête, trouvées dans les fouilles du théâtre de Lillebonne, où leur présence signale l'affluence des spectatrices qui, dans la Neustrie comme à Rome, se portaient à ces jeux publics.

Le hasard, qui a ainsi constaté le passage de beaucoup de femmes sans doute fort obscures, s'est joué, au même endroit, du soin orgueilleux qu'une dame puissante avait mis à transmettre son image de marbre à la postérité. La statue de femme en marbre blanc, trouvée en **1828** dans le balnéaire adossé au théâtre de Lillebonne, serait la pièce la plus importante des antiques de Rouen, si malheureusement elle n'était acéphale. M. Emmanuel Gaillard croit, malgré cela, y reconnaître Faustine mère, femme d'Antonin-le-Pieux. Mais si le docte antiquaire se trompe, il aura conspiré avec le hasard pour priver des honneurs qu'elle s'était promis la dame dont cette statue était véritablement le portrait. Toutefois l'entreprise d'essayer de reconnaître l'original d'une statue sans tête ne paraîtra pas dépourvue de toutes chances de résultats à ceux qui savent quelle perfection de ressemblance plusieurs artistes de l'antiquité ont portée dans l'imitation, non seulement de la tête, mais du corps entier avec ses habitudes caractéristiques. Il suffit d'avoir comparé, à Paris, au Musée des Antiques, plusieurs statues d'Auguste, de Néron et autres empereurs, pour comprendre qu'il ne serait pas impossible de reconnaître leurs statues acéphales. Du reste, celle de Lillebonne est d'une excellente conservation ; sa belle pose, les draperies harmonieuses du pallium lui assignent certainement pour époque le premier ou le second siècle. Enfin son marbre offre, à la lumière, une demi-transparence qui a engagé le savant antiquaire à y voir le *lygdinum marmor*, célèbre chez les anciens par cette qualité. Le luxe des Romains, qui ne connaissait guère d'obstacle, aurait pu sans doute transporter à *Juliobona* une statue de matière aussi précieuse. Si, au contraire, la statue avait été sculptée en Gaule, on pourrait y voir, avec d'autres archéologues, le marbre de Saint-Béat, dans les Pyrénées, présentant le même caractère et ayant moins de chemin à parcourir.

Deux autres monuments, remarquables aussi par la beauté de leur marbre blanc, mais heureusement fort complets, sont : d'abord une jolie urne de forme svelte et arrondie, sur laquelle se trouve cette inscription :

DIS MANIBVS

L MACRI

EVELPISTI

Le surnom *Evelpistus* (c'est-à-dire *Bon-espoir*), porté par ce Lucius Macer, semble indiquer un affranchi; car c'était ordinairement aux personnes de cette condition que se donnaient ces surnoms significatifs, tirés de

la langue grecque. L'autre monument, consacré à un personnage plus considérable, est
intéressant à la fois pour l'art, la symbolique
et l'épigraphie. C'est une belle urne cinéraire,
de la petite forme tumulaire quarrée. Elle a
été donnée au musée par le conseil municipal
de Rouen. Elle est décorée de génies funèbres
soutenant des guirlandes de fruits et d'épis;
sur le fronton de son couvercle, un lion terras-
sant un taureau offre un des sujets de prédilection du culte mithriaque, si profondément
étudié par M. Félix Lajard. Cette circonstance
s'accorde parfaitement avec la belle forme des
caractères de l'inscription et avec le style du
monument, pour le placer vers la fin du second siècle de notre ère, et pour expliquer les
lettres C. D., seules abréviations, par les mots
Clarissimo Decurioni, titre en usage à cette
époque. L'inscription, conçue en fort bons termes, exprime un souvenir affectueux, où pourtant la place des mots *amicitiæ fœdere* pourrait
indiquer quelque trace d'ostentation; car il
semble en résulter que « ce monument est un
dernier office d'affection, rendu par Lucius
Cincinnus à la mémoire de Marcus Postilius

Arator, décurion très-illustre, qui dut, à l'appui de son amitié, les honneurs et la fortune dont il fut comblé. » Au reste, nous soumettons aux connaisseurs le texte même, qui a justement attiré l'attention du savant conservateur :

M POSTILIO ARATOR [*i*]

AMICITIAE FOEDERE HONORIB [*us*]

DONISQ COMVLATO · L. CINCINN [*us*]

C D E VIVIS DISCESS [*o*]

POSTREMVM HOC MO

NVMENTO MV

NVS COMPLE

VIT *

* Une autre inscription romaine, en caractères du meilleur temps, mais que la forme de deux noms peut faire rejeter jusqu'au troisième siècle, vient d'être trouvée en 1836 dans les fouilles de Lillebonne, et enrichit le musée de Rouen, en même temps que l'épigraphie, d'un nouveau monument, où le sentiment de la douleur maternelle est exprimé avec une touchante simplicité. Trois lettres effacées à la seconde ligne peuvent se restituer, il nous semble, d'une manière assez probable.

D   [*M*]

TELES[*a*]HORA[*ti*]

LLAVIFILPUDO

RIFILIOSVOVI

VAPOSVIT

C'est-à-dire : *Aux Dieux Mânes : — Télésa fille d'Hora-*

De l'urne cinéraire d'un patricien romain, à la châsse d'un saint évêque, c'est la transition naturelle de l'époque romaine au moyen-âge, et c'est aussi la transition entre les deux monuments les plus remarquables du musée de Rouen, relatifs à ces deux périodes. Saint Sever, évêque d'Avranches, qui a donné son nom au faubourg le plus considérable de la cité rouennaise, a été placé par quelques hagiographes sur le siége épiscopal de cette ville. Quoique l'inscription de la châsse qui nous occupe porte que le corps de ce prélat y était déposé avec les bras de deux autres saints, la dimension de ce monument prouve que cela était impossible. Cette châsse n'en était pas moins un des objets les plus précieux du trésor de la cathédrale de Rouen, si pauvre aujourd'hui. M. Deville en a fait la découverte dans le grenier d'un habitant de Rouen, qui, sur sa demande, s'est empressé d'en faire don au musée. Mais ce re-

tillavus a mis [cette inscription] *pour son fils Pudor, à qui elle survit.*

L'impossibilité de bien rendre les simples mots *filio suo viva posuit* est une des nombreuses circonstances où paraît la supériorité du latin dans le style lapidaire.

liquaire, jadis si riche et si brillant, était dans un tel état de délabrement et de dégradation, qu'il n'offrait, à l'abord, que l'aspect d'une vieille caisse en bois de chêne. L'inscription, qu'y découvrit aussitôt l'œil exercé de l'habile archéologue, lui montra l'intérêt de ce meuble saint, donné à la cathédrale de Rouen par un de ses chanoines, Drogon de Trubleville. Or l'étude approfondie que M. Deville a faite de l'histoire de cette cathédrale, le mit bientôt sur la voie de deux chartes originales, octroyées par le chanoine Drogon, sous les dates de 1203 et 1204. Ce seigneur ecclésiastique avait accompagné Richard Cœur-de-Lion dans sa croisade, ce qui explique la présence du nom de ce héros aventureux sur le reliquaire. Enfin une description du même monument, dans certain procès-verbal d'une cérémonie, et les traces de la plupart des matières précieuses qui le recouvraient et qui en avaient été arrachées violemment à une époque désastreuse, ont permis à M. Deville d'opérer une des plus complètes et des plus heureuses restaurations que l'on puisse citer en ce genre. La châsse, ainsi restaurée, est revêtue de lames de cuivre, dorées et argentées, à dessins estampés; ses bordures sont ornées de cristaux de couleur; elle affecte la forme d'une église en croix; une figure de saint Sever, en bois doré, occupe la place du clocher; quatre figures d'évêques, en bois argenté (les figures primitives étaient en argent), occupent les quatre portails.

Le nom de Richard Cœur-de-Lion, joint aux dates des chartes de Drogon, peut assigner pour date à ce monument la fin du douzième siècle, puisque Richard mourut en 1199.

La richesse du musée des antiquités normandes en objets du moyen âge, nous force à passer sous silence une grande variété de curiosités, dont plusieurs fort riches, toutes remarquables par quelque point intéressant, et de parler seulement du délicieux monument qui attire les yeux, en regard de la châsse de saint Sever, dont il fait le digne pendant. C'est le modèle, en pâte de papier, de la jolie église de Saint-Maclou. Chef-d'œuvre de patience, d'exactitude et d'adresse, ce modèle a été exécuté peu de temps après l'achèvement de l'église, puisqu'on y voit les portes primitives de l'édifice, qui furent remplacées, vers 1540, par

ces magnifiques portes en bois sculpté, dues au
ciseau de Jean Goujon. Les plus petits détails,
tant extérieurs qu'intérieurs, se retrouvent
dans ce modèle; il n'est pas jusqu'aux vitres
peintes de l'église qui n'y soient reproduites.
La tradition veut qu'il ait été fait par un ecclésiastique de Rouen, qui aurait mis, dit-on, dix
années à le terminer; son nom est resté inconnu.
Feu M. Alavoine, cet habile architecte, auteur
de la flèche en fonte de fer de la cathédrale de
Rouen, ne pouvait se lasser d'admirer ce petit
monument.

Pour ceux de l'époque de la renaissance, il
faut placer en première ligne les vitraux peints
du seizième siècle, qui occupent une partie des
fenêtres du musée. La ville de Rouen est trop
riche en vitraux, pour apprécier peut-être l'importance de ceux que réunit son musée d'antiquités; les étrangers en sont plus frappés; tous
reconnaissent que, depuis la destruction du
musée des Petits-Augustins, il n'existe pas en
France, même dans la capitale, un établissement public qui puisse, sous ce rapport, rivaliser avec celui dont nous parlons. Neuf fenêtres
en sont entièrement garnies; elles présentent

un développement de plus de quatre cents pieds carrés. Pour qui connaît la rareté des vitraux peints et leur prix excessif dans le commerce de curiosités, cette réunion, opérée en deux années de temps, ne paraîtra point un effort ordinaire, et c'est là surtout que brillent le zèle et le goût de l'habile conservateur. Sous le rapport de la perfection du dessin et de l'élégance du style, les vitraux qui représentent les armoiries de la corporation des orfévres de Rouen, sous la date de 1543, et une assomption de la Vierge, sous la date de 1572, sont en première ligne. Sous le rapport de l'originalité, ils cèdent encore le pas aux six panneaux où le peintre verrier a retracé l'histoire du juif et de l'hostie, autrement dite le *Miracle des Billettes*, que je vais rappeler en peu de mots.

Du temps du roi Philippe-le-Bel, un riche juif, demeurant à Paris, rue des Billettes, était parvenu à s'emparer d'une hostie consacrée, en gagnant une bourgeoise à laquelle il avait fait un prêt sur gage. Maître de cette hostie, il la perça de sa dague, et en fit, dit-on, sortir du sang. Surpris et dénoncé par une femme du quartier, il fut conduit devant le prévôt, et condamné au feu. Telle est l'anecdote, fort célèbre jusque dans le siècle dernier, qui est le sujet de ces peintures sur verre. Elle est expliquée, au bas de chaque panneau, par des quatrains du temps.

Dans la galerie du fond ont été placés les plâtres moulés sur l'admirable bas-relief de l'hôtel Bourgtheroulde, représentant le camp du Drap-d'Or, un des morceaux les plus remarquables de cette sculpture, pleine de vie et de vérité, de la renaissance. Celui-ci est trop connu pour que nous nous y arrêtions. Des plats en faïence émaillée de Bernard Palissy, des armes disposées en trophées, des meubles en bois de chêne et en ébène, sculptés avec une grande délicatesse, entourent honorablement l'entrevue de Henri VIII et de François Ier, dont les médaillons surmontent le bas-relief, comme à l'hôtel Bourgtheroulde, d'où ils proviennent également.

Vous verrez ainsi des monuments de toutes les époques dans ce vaste reliquaire, consacré à la Normandie, et vous ne reprocherez pas, je pense, au conservateur d'avoir fait arriver ses antiquités jusqu'au dix-septième siècle, lors-

que, en sortant, on vous montrera sur votre
gauche une petite porte de chêne, encadrée
dans le mur du vestibule en face de l'entrée,
porte si basse, qu'un homme de la plus petite
taille devait courber la tête pour en passer le
seuil, porte cependant que ne regarde sans émo-
tion aucun habitant de Rouen, puisque c'est
celle dont le grand Corneille souleva si souvent
le marteau, sous laquelle se baissa si souvent
son glorieux et modeste front.

NOTRE-DAME DE ROUEN.

Une grande cathédrale est certainement un des
centres historiques les plus favorables pour bien
faire comprendre un pays et un peuple, pendant
une suite de siècles. Est-il un spectacle plus propre à faire réfléchir sur le passé et à rectifier beaucoup d'idées formées à la légère sur les anciens
temps, que l'examen détaillé d'un de ces admirables édifices? Un auteur célèbre a pris avec
bonheur Notre-Dame de Paris pour cadre d'un
grand tableau de mœurs au quinzième siècle.
Cet édifice imposant, examiné avec complaisance par des yeux observateurs, montre quelles
sont les richesses de poésie et d'histoire contenues dans une grande cathédrale. Toutefois on
peut dire que celle de Paris ne les offre pas au
même degré que plusieurs autres. D'abord,
cette église, qui ne devint siége archiépiscopal

qu'au dix-septième siècle, n'a pas, pendant toute la partie antérieure de notre histoire, une importance ecclésiastique comparable à celle des grandes métropoles des provinces. Ensuite la cathédrale ne jouait pas un aussi grand rôle dans la capitale, siége du gouvernement, séjour ordinaire du roi et de la cour, que dans une ville comme Rouen, par exemple.

Là l'église cathédrale s'offre comme un centre autour duquel venaient graviter tous les événements importants de la ville et de la province. A l'immense influence du clergé, à la puissance des idées religieuses, se joignaient le crédit des archevêques, qui étaient ordinairement les plus grands seigneurs du royaume; la splendeur d'un chapitre métropolitain, composé de l'élite de la société, et tâchant toujours de se maintenir au premier rang de la province; le caractère auguste de la métropole, auquel tout le monde rendait hommage avec une foi sincère. C'en est une grande preuve que cette préoccupation où chacun était du lieu où il serait inhumé: vivant, on se berçait de l'espoir de reposer mort près d'un lieu saint, dans l'intérieur d'une église, et, parmi les églises, de préférence dans la métropole, et, dans celle-ci, le plus près possible du chœur ou de telle chapelle pour laquelle on professait une vénération particulière.

Un moyen d'obtenir ces honneurs si enviés était de contribuer à l'embellissement du temple. De là, tant d'agrandissements successifs, où divers systèmes d'architecture se le disputent de noblesse, d'élégance, de hardies conceptions; car les artistes aussi qui exécutaient ces magnifiques constructions avaient droit à la sépulture dans la cathédrale ; et les modestes inscriptions qui se lisent sur leurs tombes ont sauvé de l'oubli plusieurs noms qui méritaient bien d'être transmis à l'admiration de la postérité.

Ces artistes, qualifiés simplement du titre modeste de maîtres-ouvriers, succédaient à leurs pères dans leur art ou leur métier respectif; ils recevaient d'eux, ou des maîtres auprès desquels les réglements des maîtrises les retenaient long-temps, une direction uniforme, déjà transmise à leurs devanciers par la tradition, avec la communication des mêmes procédés, enfin une position honorable comme attachés au service de la cathédrale. Ils y prenaient ainsi un intérêt dont tous leurs travaux, tous leurs souvenirs faisaient une sorte de respectueuse affection de famille. Leurs plans étaient soumis à l'examen et à l'approbation de ce chapitre éclairé, dont les délibérations consignées exactement et sans aucune interruption, pendant des siècles, dans la précieuse collection des registres capitulaires, ont été feuilletés avec une laborieuse patience par MM. Deville et Floquet, et ont révélé à ces deux savants tant de faits intéressants pour l'histoire, et qu'on chercherait ailleurs vainement.

M. Floquet a tiré un grand parti de ces registres capitulaires pour son histoire du privilége de saint Romain, que nous examinons avec détail dans notre quatrième partie. Ils n'ont pas été moins utiles à M. Deville pour la composition de deux ouvrages, l'un sur les *Tombeaux de la cathédrale de Rouen*, l'autre sur la *Liste des peintres verriers* de la même église. M. Langlois a puisé dans l'étude approfondie de cet ancien monument, par rapport à son art, et dans les sources les plus diverses, d'autres documents du plus grand intérêt pour l'histoire, et qu'il a réunis dans un livre sur lequel nous allons revenir.

L'importance d'une église métropolitaine comme celle de Rouen se montre non seulement dans les faits anciens de l'histoire, mais dans les nombreuses recherches que font les savants pour l'explorer sous toutes ses faces. Je doute que la cathédrale de Paris ait été aussi curieusement étudiée dans toutes ses parties que celle de Rouen. Il faut s'être instruit par la lecture de plusieurs de ces savantes explorations pour comprendre un monument qui renferme, on peut le dire, toute une civilisation. Sans cela quelle surprise, quel renversement d'idées ne serait-ce pas pour l'homme qui viendrait visiter ce temple magnifique avec l'orgueilleux préjugé de notre supériorité sur nos pères !

Les vastes proportions, la hardiesse et l'élégance des arcs, des colonnes, des piliers, des voûtes, la variété innombrable d'ornements, tous plus riches les uns que les autres, ces chefs-d'œuvre de sculpture prodigués dans les moindres recoins des combles, toutes ces statues qui nous conservent l'image des saints, des prélats, des princes, des fondateurs, bien-- faiteurs, architectes de l'église, tout cela nous force à nous humilier devant le génie religieux, fort et persévérant de nos anciens. On se de- mande si, après tant de siècles, nous réveille- rons chez nos neveux d'aussi grandes idées, nous qui ne visons qu'à multiplier les com- modes jouissances de la vie, au détriment de tout ce qu'il y a de grand, d'élevé et de monu- mental dans les traces que laisse de lui un grand peuple. L'érection d'une statue est un événe- ment aujourd'hui, tandis que chez ces vieux chrétiens, nos pères, que l'on commence à re- garder avec respect, on pouvait dire, comme de la Rome de tous les temps, comme de la Grèce d'autrefois, qu'à côté d'un peuple vivant il y avait un autre peuple de statues aussi nombreux. Seulement, au lieu d'être éparses sur les places, dans les jardins publics, c'était sur les som- mets des églises que se pressait cette foule d'i- mages vénérées. Pour les voir, il fallait lever la tête vers le ciel, où la foi publique plaçait les personnages qu'elles retraçaient.

Vers la fin du quatrième siècle, saint Victrice, archevêque de Rouen, construisit une cathé-

drale qui, dans le sixième siècle, considérable-
ment augmentée et enrichie par saint Ouen, un
de ses successeurs, fut entièrement brûlée
en 842.

Il est probable que sur le même emplacement
commença à s'élever la grande cathédrale qui
a précédé celle d'aujourd'hui. L'époque des
premières fondations de cette ancienne église
est incertaine; mais on la voit haussée, en 950,
par Richard Ier, petit-fils de Rollon, et dédiée
en 1063, par l'archevêque Maurile. Cette vaste
basilique fut entièrement détruite par un incendie qui consuma presque toute la ville, le 4 octobre 1200. Il ne reste aujourd'hui de cet ancien édifice que la base de la tour de Saint-Romain, celle qui est au nord du grand portail.

Tout le corps principal de l'édifice actuel fut
construit avec une célérité extraordinaire de
1200 à 1220 par Philippe-Auguste, qui fit de
cette réédification un moyen politique pour se
concilier ses nouveaux sujets. Vers 1228 fut
placée, sur une tour centrale, au milieu de la
croisée de l'église, une pyramide en charpente
qui s'élevait à 411 pieds au-dessus du sol. Les
deux portails latéraux, dits *des Libraires* et *de*

la Calende, furent construits de 1280 à 1478 ;
la chapelle de la Vierge en 1302 ; la bibliothèque
en 1424 ; la tour de Saint-Romain, de 1470 à
1477 ; la tour de Beurre * fut élevée de 1485 à
1507 ; c'est dans cette tour, au midi du grand
portail, qu'était la fameuse cloche appelée
Georges d'Amboise, qui pesait trente-cinq mille,
d'après l'estimation de la Lande, et qui fut bri-
sée devant le parvis en 1793. Le grand portail
fut exécuté de 1509 à 1530.

Le 4 octobre 1514, la pyramide ayant été
brûlée, et la base qui la soutenait entièrement
calcinée, Roulland-le-Roux, maître maçon de
la cathédrale, construisit, de cette année à
1542, la magnifique tour centrale, à l'angle
S.-O. de laquelle on voit encore sa statue, en
bonnet et en tablier d'ouvrier ; et, de 1542 à
1544, Robert Becquet, maître charpentier de
la cathédrale, construisit, aux frais du cardinal
Georges d'Amboise II (qui fut avec son oncle
le plus grand bienfaiteur de l'église de Rouen),

---

* On sait que dans plusieurs cathédrales on nommait ainsi
une tour payée avec les fonds qui provenaient des permis-
sions accordées aux fidèles pour manger du beurre pendant
le carême.

la dernière pyramide en charpente, qui avait quinze pieds de moins que la précédente, et qui fut renversée par la foudre le 15 septembre 1822.

Ce dernier événement a fourni à M. Langlois le sujet de son ouvrage intitulé *Notice sur l'incendie de la cathédrale de Rouen*, etc. M. Langlois, en relatant tous les désastres du même genre qu'avait éprouvés la cathédrale, d'après les auteurs contemporains, témoins oculaires de chaque incendie, a groupé naturellement autour de son événement principal une quantité de faits instructifs et nouveaux, qui, enrichis de l'érudition variée de ses notes, font de cet ouvrage, au titre modeste, une histoire aussi animée que pittoresque de ce monument. A la suite est un *Tableau chronologique des principaux faits relatifs à l'histoire de la cathédrale de Rouen*. Ces notions si substantielles sont revêtues d'un style coloré et plein d'entraînement, où l'on reconnaît l'impulsion du moment. Nous ne pouvons résister au plaisir de donner un échantillon de ce style, en citant le passage même relatif à la chute de la flèche.

« Les progrès de l'embrasement, l'élévation

immense du foyer, l'impossibilité d'y faire promptement et sûrement accéder des secours, la pyramide vomissant déjà de toutes parts de longs jets de flamme parmi des tourbillons de fumée que l'oxide des plombs en fusion colorait d'un vert livide, la mort elle-même enfin, planant au-dessus de l'édifice et sur ses environs, tout forçait les assistants à rester, malgré leur vive impatience, spectateurs oisifs de ce déplorable événement.

» Et comment en effet eût-il été possible d'agir, avant que le chef-d'œuvre gigantesque de Robert Becquet ne se fût écroulé sur la tour de pierre, qui pendant trois cents ans l'avait soutenu dans la nue ; chute terrible, dont l'attente glaçait d'effroi tous les cœurs et que ne pouvaient prévenir ni l'intrépidité ni l'industrie ? Enfin, comme pour signaler la crise fatale, sept heures sonnent !!! La flèche tout entière se renverse vers le sud-ouest, point de son inclinaison naturelle, et, s'arrachant de sa base, vient s'abattre sur l'angle de la tour occidentale de la Calende, qui la rejette sur une maison voisine, qu'elle perce de fond en comble avec un fracas épouvantable.

» L'incendie présente alors le plus formidable spectacle ; car à peine cette partie culminante de la pyramide est-elle tombée, que, dégagées d'un obstacle qui réprimait ainsi l'action de l'air, les flammes se déploient avec la plus grande fureur ; les galeries se déchirent, les colonnes armées de fer, les arcades tout entières se détachent de toutes parts, l'œil s'égare dans leurs traces enflammées ; les voûtes du temple, accablées sous cette grêle horrible, simulent, par leurs gémissements redoublés, le bruit d'une violente canonnade. Entre huit et neuf heures enfin, il ne restait plus rien au-dessus de la tour de pierre, qu'un immense bûcher, au milieu duquel bouillonnaient des torrents de métal que les gargouilles vomissaient en ardentes cascades. »

Cette notice donne, sur tout ce qui a rapport à l'incendie, aux secours apportés, aux réparations de l'église et au plan de l'érection d'une nouvelle flèche, une foule de détails intéressants dès à présent, mais qui le seront surtout par la suite. Car on regrette pour beaucoup d'anciens faits, qu'on n'a plus aucun moyen de connaître, que les contemporains ne nous aient pas laissé de semblables renseignements. Ils ne l'ont pas fait, parce que, ces choses étant généralement connues, l'idée de les consigner dans des livres ne venait même pas à l'esprit. C'est donc une vue de perfectionnement historique, que de préparer ainsi à nos successeurs des secours que ne nous ont pas laissés nos devanciers.

Mais l'ouvrage de M. Langlois a eu immédiatement une importance bien plus grande encore, puisqu'on peut dire qu'à lui en grande partie ont été dus les moyens du rétablissement en fonte de la flèche, tel qu'il fut conçu et fort avancé par l'habile architecte, M. Alavoine, sur les plans duquel il est continué depuis sa mort. Après la destruction de la flèche de Robert Becquet et les immenses dégâts causés à la cathédrale par l'incendie, le cardinal de Bernis, alors archevêque de Rouen, assembla son chapitre pour délibérer sur les moyens de réparer entièrement ces désastres en rétablissant la flèche. La première chose était d'intéresser à cette entreprise Louis XVIII, auprès duquel le cardinal avait un libre accès ; mais, pour en faire comprendre l'importance à S. M., il désirait un mémoire dont la rédaction pût intéresser ce prince lettré. Le chapitre partageait cette opinion; mais personne ne s'offrait pour cette rédaction, dont on comprenait la difficulté et les conséquences. L'archevêque se trouvait avec peine obligé de renoncer à son idée, où il voyait, par la connaissance qu'il avait du roi, le meilleur moyen de succès, lorsque M. l'abbé Lévy, alors secrétaire de l'archevêché, homme d'esprit et de savoir, indiqua au prélat M. Langlois comme l'écrivain le plus capable de remplir ses intentions. Après s'être entendu avec l'archevêque et son secrétaire, celui-ci leur remit en effet, peu de temps après, sa notice, qui dépassa leurs espérances, et qui, présentée au roi par M. de Bernis, mit ce prince dans des dispositions tellement favorables à l'entreprise, qu'il en facilita immédiatement l'exécution.

Ces détails, que la modestie de M. Langlois avait laissé ignorer du public, nous ont été fournis par M. Deville, qui nous a fait remarquer aussi avec quelle noblesse M. Langlois, ayant publié sa notice en 1823, après la mort du cardinal de Bernis, arrivée dans l'intervalle, ne dédia pas cet ouvrage à son successeur où à quelque autre puissant du jour, mais à la mémoire du prélat qui lui avait fourni l'occasion de rendre ce service à sa patrie et lui avait témoigné une bienveillance dont il se montrait si digne par cette reconnaissance désintéressée.

Aux deux ouvrages que nous avons cités de M. Deville sur les tombeaux et sur les peintres verriers de la cathédrale, il faut encore joindre une *Lettre à M. Alavoine sur la flèche de Robert Becquet*, dissertation publiée en 1831, et qui contient quelques documents entièrement neufs sur cet ancien architecte. La conversation et les ouvrages de M. Deville nous ont également éclairé; enfin nous devons encore remercier ce savant aimable de la complaisance avec laquelle il nous a conduit lui-même dans toutes les parties de Notre-Dame de Rouen.

En y comparant les dégâts causés en 1793 avec ceux de 1562, nous avons trouvé plus de fureur encore dans les troubles de religion que dans le bouleversement social. On marche continuellement entre l'admiration de ces merveilles d'architecture et de sculpture, du moyen-âge et de la renaissance, et l'indignation qu'excitent tant de mutilations brutales. Mais l'admiration se réveille tout entière à la vue de

la sublime construction en fonte, due au génie
de M. Alavoine. La tour de Roulland-le-Roux,
base de cette flèche, n'est pas exactement carrée, et l'irrégularité de sa forme offrait, pour y
adapter la pyramide en bronze, des difficultés
d'autant plus grandes, que l'architecte a voulu,
pour plus de solidité, en faire pénétrer le bas
dans l'intérieur de la tour, qui lui sert ainsi
comme d'étui jusqu'à la hauteur de quarante
pieds. Cette partie du travail, la plus difficile,
est terminée; et au-dessus on voit déjà une partie de la flèche s'élever avec grâce dans les airs,
où, préservée de la foudre par un paratonnerre,
elle pénétrera à 456 pieds du sol, c'est-à-dire
253 pieds de plus que les tours Notre-Dame,
à Paris, 19 pieds de plus que la flèche de Strasbourg, et 7 pieds de plus que la plus haute
des pyramides d'Égypte.

UN CACHET DU MOYEN-AGE,

TROUVÉ A CLINCHAMP, DÉPARTEMENT DE L'ORNE.

M. le comte Anatole de Montesquiou possède, dans le département de l'Orne, une terre appelée Clinchamp. Dans la cour d'un bâtiment de ferme est une butte de terre, qu'une ancienne tradition du pays représentait comme recouvrant un puits où est enfoui un trésor. M. de Montesquiou étant dans ce domaine, il y a une douzaine d'années, et faisant faire quelques travaux de terrasse, fit prendre de la terre sur cette butte, et, dès le premier jour, on trouva presqu'à la surface un fort beau cachet, qui, sans doute par la composition particulière du métal, était, quoique fort ancien, dans un état parfait de conservation. Depuis, chaque fois qu'il a passé quelques jours à Clinchamp, il a fait continuer à ôter de la terre, et, en 1835, toute la partie qui s'élevait au-dessus du sol ayant été déblayée, ses ouvriers ont trouvé le haut du puits annoncé par la tradition.

Cette dernière circonstance donnait un nouvel intérêt au cachet, que M. de Montesquiou me montra en me racontant tous ces détails. Il me fit même l'honneur de me demander mon avis sur ce sceau, dont il me tira plusieurs belles empreintes. Elles supposent, dans le graveur qui a exécuté ce cachet, une hardiesse de touche et en même temps une précision très-remarquables ; car les reliefs sont aussi saillants qu'exempts de ces petites aspérités qui détruisent l'uni de la cire.

Pour me former une opinion motivée sur l'époque à laquelle a dû être gravé ce sceau, j'en emportai l'empreinte au cabinet des titres à la Bibliothèque, et là, avec l'aide de M. Lacabane, dont les profondes connaissances héraldiques sont le meilleur guide qu'on puisse prendre, et dont j'ai éprouvé plus d'une fois l'obligeance et la sagacité, j'ai comparé cette empreinte avec beaucoup de sceaux de diverses époques, apposés sur des pièces originales datées. Avant d'exposer le résultat de cette comparaison, il faut énoncer d'abord la description de l'empreinte : elle offre un écu incliné portant *une épée en bande, accompagnée de six besans, trois en chef, posés deux et un, et trois en pointe, placés dans le sens de la bande.* Une tête barbue, couronnée d'épines, forme le cimier ; l'écu est supporté par deux sauvages ou hommes velus à pieds de singe. Ils tiennent chacun, de l'autre main, des branches d'arbres ; d'autres petites branches remplissent avec assez de grâce les espaces vides autour d'eux. Pour légende . SIGILLŪ JOHANNIS : LONGUESPEE :

Ce cachet est aussi remarquable par sa parfaite conservation que par le fini de son exécution et la beauté des reliefs sur l'empreinte. On
ne peut tirer aucune conséquence précise de
cette considération ; car cette belle exécution
se retrouve dans les sceaux de diverses époques;
elle est cependant plus rare dans ceux du onzième et du douzième siècle.

On ne peut tirer non plus aucune induction
de la forme et de la position de l'écu. Ces deux
circonstances variaient beaucoup dans les premiers siècles de l'usage des armoiries. Je dois
dire, toutefois, que la forme de l'écu, sur ce
cachet, est la plus régulière, puisque c'était
réellement la forme de cette partie de l'armure,
où les armoiries étaient représentées avec le
plus d'évidence.

Quant aux deux sauvages servant de supports, ils offrent déjà une indication chronologique. L'usage de deux *supports* ou d'un seul
tenant ne se trouve pas avant le second quart
du quatorzième siècle. Le plus ancien exemple
que j'en aie vu est sur le sceau de Gaston II,
comte de Foix, en 1342 ; l'on en pourrait avoir

quelques exemples antérieurs, jusque vers 1330. La notion tirée des supports empêche donc d'attribuer à ce sceau une date plus ancienne que cette dernière époque.

L'emploi du cimier est un peu plus reculé : on peut le faire remonter jusqu'au commencement du quatorzième siècle ou aux dernières années du treizième, et il est encore usité aujourd'hui, ainsi que les supports. Mais dès la fin du quinzième siècle ou le commencement du seizième, le cimier prend (du moins en France) une forme moins arbitraire, en même temps que la science du blason se fixe et se complique.

La tête barbue, à longs cheveux, et couronnée d'épines, paraît bien figurer une tête de Christ, et il me semble fort raisonnable de supposer que cet emblème ait été adopté par le propriétaire de ce cachet, en souvenir d'un de ses ancêtres qui serait allé à la Terre-Sainte du temps des croisades, et qui aurait, le premier, jeté de l'éclat sur sa maison.

Au quinzième siècle n'était pas encore venue l'idée d'indiquer la couleur des différents *émaux* par certains guillochis de convention, gravés

sur le métal d'un cachet, sur le marbre d'un
monument ou sur toute autre surface d'une
seule couleur. On ne voit pas cette invention
ingénieuse avant la fin du seizième siècle. Sur
tous les sceaux antérieurs à cette époque, le
champ et les *meubles* de l'écu sont tout unis,
sans indiquer pour cela l'*argent;* tandis qu'à
partir à peu près du règne de Henri IV, une
surface unie est la marque distinctive de cette
couleur. Antérieurement on trouve seulement,
et assez souvent, les deux *fourrures*, le *vair* et
l'*hermine*, indiquées par la gravure; quant aux
autres guillochis qu'on pouvait graver alors
sur le champ d'un écu, c'était un pur enjolive-
ment, qui n'indiquait rien, et dont on remplissait quelquefois un écu trop nu, par exemple
dans les armes de certaines familles qui portaient une couleur toute unie, sans aucun *meuble*
sur le *champ*. Ainsi les sires d'Albret, qui fini-
rent par occuper le trône de Navarre, portaient
de gueules plein. Et, pour remplir ce champ
vide sur une surface monochrome, souvent leur
écu offre des lignes qui s'entrecroisent en divers
sens, suivant le goût du graveur ou du sculpteur, ce qui pourrait faire supposer le *sable*, ou

un mélange d'*azur* et de *gueules* [*]. Ce serait une erreur. Mais, depuis le dix-septième siècle, ces armes auraient été indiquées par les lignes tracées verticalement, qui marquent les *gueules* ou la couleur rouge. Dans le cachet qui nous occupe, on ne peut donc savoir quelle était la couleur du *champ* et celle des *meubles*.

Ce qui précise avec le moins d'incertitude l'âge de ce sceau, c'est la légende.

D'abord, l'emploi de la langue latine cesse d'être en usage sur les sceaux à la fin du quinzième siècle. Déjà, même dès son commencement, on trouve des légendes françaises ; par exemple les mots : *Seel Jehan...* remplacent les mots : *Sigillum Johannis...*

La forme des lettres est l'indice le plus certain. Ce sont bien évidemment celles des sceaux du passage du quatorzième au quinzième siècle. La fin de ce dernier nous présente déjà des lettres allongées, au lieu de ce petit caractère arrondi, où plusieurs lettres se rapprochent de l'écriture allemande. Ce qui distingue princi-

___

[*] Plus souvent encore leur écu est diapré avec élégance et offre d'autres combinaisons.

palement ce caractère de celui des deux siècles précédents, ce sont les lettres *a, e, c,* qui, au treizième et au quatorzième siècle, sont d'une forme capitale carrée ; comme sur le sceau du sire de Trichastel, seigneur de Bourbonne, sceau apposé sur une quittance de l'an 1270 *. Au contraire, dans la première partie du quinzième siècle, ces trois lettres s'écrivent avec le petit caractère arrondi du cachet. Telle est leur forme sur le sceau de Thomas Gower, vaillant seigneur normand **, dont on trouve, à la Bibliothèque, des quittances scellées, de 1430 à 1440. Il portait cette fière devise : *Pencés y devant;* c'est-à-dire, dans cette précision énergique des devises : *Regardez-y à deux fois avant de m'attaquer.* Cette devise est d'une écriture toute pareille à la légende du cachet. Les plus anciens sceaux avec cette écriture sont ceux

---

* Voyez l'ouvrage intitulé : *Lettre à M. Hase sur une inscription du second siècle, trouvée à Bourbonne-les-Bains, et sur l'histoire de cette ville.* — Paris, Aimé André, 1833, in-8°, page 158, et planche VI, a.

** Il est un des ancêtres des ducs actuels de Bridgewater, dont l'avant-dernier était si connu à Paris, il y a une quinzaine d'années, sous le nom de Lord Egerton.

de Bertrand du Guesclin. Il était passé du service de Bretagne à celui de France vers l'an 1359, au plus tard. Il existait au cabinet de M. de Courcelles plusieurs quittances de cet illustre connétable*, depuis cette époque jusqu'à sa mort, arrivée en 1380. Ces documents originaux, véritable source de l'histoire, révèlent sur ce grand homme une quantité de belles actions que n'ont pas rapportées ses historiens. Ainsi il était tellement jaloux d'augmenter la puissance de la France, qu'outre toutes les places dont il s'emparait les armes à la main, il en rachetait souvent de ses propres deniers pour les remettre au roi. Plusieurs de ces quittances sont le remboursement des sommes considérables qu'il avait ainsi avancées de lui-même.

Le nom de *Longuespée*, qui attire d'abord l'attention, comme celui du seigneur dont ce cachet était le sceau, n'est pas un moyen d'en fixer la date. Jusqu'à la fin du quinzième siècle,

* Voir le *Catalogue des titres et documents historiques du cabinet de M. de Courcelles.* IIe partie. Titres originaux, pages 16, 17, 22. — Paris, 1834, in-8°.

les noms sont bien loin d'offrir la régularité qu'on y trouve aujourd'hui, où chaque personne porte au moins deux noms, un nom de baptême ou prénom, et le nom de famille, qu'on tient de son père. Avant l'époque précitée , il n'y avait en France de véritable nom propre que le nom de baptême. Souvent on y joignait un surnom, dont les motifs et les altérations, dans un langage familier, variaient à l'infini, et qui, long-temps personnel, et changeant à chaque génération , finit par se transmettre. Telle est l'origine la plus ordinaire des noms de famille.

Une autre source est celle des noms de baptême, comme Martin, Etienne, Paulin, Alexandre, Laurent, Marie, Barthélemy, Lambert, Nicole... et tant d'autres qui, affectionnés dans certaines familles, et donnés toujours de même au baptême à chaque génération, devinrent le nom de famille, quand cette distinction s'établit. Alors ce nom de saint se perpétua de génération en génération, par simple transmission ; et un autre nom de saint fut donné au baptême à chaque individu. Par exemple, telle personne d'une famille appelée *Barthélemy* reçut de son père ce nom-là, par le seul fait de sa naissance, et on lui donna individuellement, au baptême, un autre nom de saint, par exemple *Louis;* et il s'appela *Louis Barthélemy.*

Surnoms et noms de baptême, voilà d'où vinrent peu à peu les noms de famille dans toute la roture et dans une partie de la noblesse. Quoique celle-ci ait porté bien plus généralement des noms de fiefs, cependant plusieurs y joignirent un autre nom tiré de l'une des deux origines que je viens d'indiquer. Par exemple, dans la famille de Saint-Véran, d'où sont les messieurs de Montcalm, on s'est plu à conserver le nom de Gozon, en mémoire d'un illustre personnage de cette famille, ainsi nommé, qui fut vingt-septième grand-maître de l'ordre de Saint-Jean-de-Jérusalem, et qui est célèbre dans l'histoire de cet ordre pour avoir tué un gros serpent qui désolait l'île de Rhodes. Un petit nombre même d'anciennes familles portait de préférence un nom de ce genre tout seul, quoique possédant plusieurs fiefs où elles auraient pu choisir un nom seigneurial, comme l'usage en était devenu de plus en plus fréquent. La Reynie, lieutenant-général de police sous Louis XIV, était d'une ancienne famille noble du Limousin, qui avait toujours porté le nom de Nicolas, et lui-même se nommait Gabriel Nicolas, jusqu'à l'époque où, pour se conformer aux usages de la cour, il se fit appeler La Reynie, du nom d'une de ses terres. On sait aussi que dans l'ancien régime l'usage voulait ordinairement que le chancelier de France ne prît pas de titre; de là, les chanceliers dont la famille avait un autre nom qu'un nom de fief le portaient toujours de préférence. Pierre Séguier, chancelier de France pendant toute la première partie du règne de Louis XIV, ne portait pas, à la cour, d'autre nom que Séguier, quoiqu'il fût pair de France, duc de Villemot et comte de Gien.

Mais la plus grande partie de la noblesse avait pour seul nom de famille le nom d'un fief. Et, en général, un autre nom joint à celui-là est l'indice d'un anoblissement ne remontant guère au-delà de la fin du quinzième siècle. Vers cette époque, les anciens anoblis, comme les chevaliers, n'étaient plus connus que sous le nom de quelque fief dont la seigneurie leur appartenait.

Dans un petit nombre de grandes maisons

(la plupart éteintes), la possession non interrompue du même fief pendant une suite de générations avait fait du nom de ce domaine le véritable nom de leur famille, bien antérieurement à l'époque dont je viens de parler. Pour ces maisons-là seulement on peut remonter vers les commencements de la troisième race. La famille royale elle-même, que différents systèmes prétendaient faire remonter aux premiers temps de la monarchie, n'offre aucune preuve réelle au-delà de Robert-le-Fort, qui, dans la première moitié du neuvième siècle, paraît tout-à-coup sur la scène du monde, sans que l'on ait jamais pu savoir de qui il était fils.

A cette même époque les ducs de Gascogne jetaient un grand éclat dans l'empire, comme descendant directement de Clovis, par un des fils de Clotaire II, fils de Chilpéric, arrière-petit-fils de ce conquérant. La fierté d'une telle origine contribua peut-être aux luttes continuelles et souvent perfides *, que ces princes

---

* On peut citer comme telle la conduite de Loup II, qui détruisit l'arrière-garde de Charlemagne à Ronceveaux, dans cette fameuse journée où périt Roland. Ce Loup II est appelé

soutinrent contre Charlemagne et ses fils. Enfin Louis-le-Débonnaire ayant défait, en 819, Loup-Centule, et confisqué ses états, ce duc se retira en Espagne, où il maria sa fille à un seigneur de Castille*. Ses deux fils reçurent de l'empereur, l'un la vicomté de Béarn, l'autre le comté de Bigorre; et en eux paraît avoir fini la descendance masculine des rois de la première race**. Car les Gascons, après avoir été gouvernés pendant plus de soixante ans par des

dans la charte d'Alahon : « Perfidissimus supra omnes mor-
» tales, operibus et nomine Lupus, latro potius quam dux
» dicendus. » *Histoire génér. du Languedoc*, par deux religieux bénédictins. Paris, 1730-1745. 5 vol. in-fol.— Tome I, page 86 des preuves.

* Charte d'Alahon, déjà citée. — Cartulaire de l'église métropolitaine de Notre-Dame d'Auch. — *Art de vérifier les dates*, 3ᵉ édition in-fol, tome II, page 254, à la chronologie des ducs de Gascogne; et nouvelle édition in-8°, tome IX, p. 240. — Dom Martenne, *Premier voyage littéraire*, part. II, page 4.

** L'un des deux, Centulphe, vicomte de Béarn, eut bien un fils du même nom que lui, que l'histoire cite en 845 comme étant sous la tutelle de sa mère, et dont il n'est plus question. Il descendait de Loup Centule en ligne masculine; c'est donc proprement jusqu'à lui que va cette descendance de Clovis par les mâles.

ducs amovibles, nommés par l'empereur, se
soulevèrent, et, en 872, appelèrent d'Espagne
pour les gouverner, Sanche, surnommé *Mitarra*,
petit-fils, par sa mère, du duc Loup-Centule *.
Sanche Mitarra conserve donc la descendance
féminine des premiers rois francs. C'est de lui
que viennent directement, et de mâle en mâle,
la suite des ducs de Gascogne, puis les comtes
de Fezenzac, ayant pour tige Aymeri Ier, petit-
fils de Mitarra. De ceux-ci se détachent, en 960,
par le démembrement du comté d'Armagnac,
les comtes de ce nom, si célèbres dans notre
histoire, et, en 1070, les barons de Montesquiou **, dont les comtes d'Armagnac se trou-

* Lieux cités.

** Ibid. — De plus, dans l'*Art de vérifier les dates*, pag.
271 et suiv. de la 3e édition in-fol., à la chronologie des comtes
de Fezenzac et des comtes d'Armagnac. — L'*Histoire généalogique* de M. de Courcelles, tome VIII, Pairs de France,
Montesquiou, page 24. — La *généalogie de la maison de
Montesquiou Fezenzac, suivie de ses preuves*; par M. Chérin,
généalogiste des Ordres du Roi. Paris, 1784, in-4°.—Le travail manuscrit de Chérin, écrit de sa main et conservé aux
Titres originaux, à la bibliothèque du Roi. Ce travail, base du
livre ci-dessus, fut soumis, avant l'impression de ce volume,
à l'examen de dom Merle, dom Clément et dom Poirier, re-

vent ainsi branche cadette. Les maréchaux de Montluc, les seigneurs d'Artagnan, et autres, jettent aussi un grand lustre sur la branche de Montesquiou. A tant d'illustration et de puissance s'est jointe la conservation de plusieurs monuments d'une haute importance historique, tels que la charte d'Alahon, cette pièce si riche en faits sur le Midi de la France au commencement de la seconde race *. C'est ainsi que la

ligieux bénédictins, de M. de Bréquigny, de l'Académie Française et de celle des Inscriptions, et de MM. Garnier, Béjot et Dacier, de l'Académie des Inscriptions, qui en déclarèrent toutes les preuves authentiques, et signèrent cette déclaration le 13 février 1784.

* La charte d'Alahon, d'abord publiée en Espagne, n'était pas encore connue en France du temps du père Anselme, qui, dans son *Histoire généalogique*, où tout repose sur des preuves, n'a pu par conséquent établir l'antiquité de la maison de Montesquiou. Cette charte remarquable a été publiée en 1730, dans l'*Histoire générale du Languedoc*, tome II, par dom Vaissette, qui, dans une lumineuse dissertation (pag. 688 et suiv. des *notes*), en démontre l'authenticité, et prouve que tout s'y accorde avec la plus exacte chronologie. C'est seulement en 1785 qu'on s'en est servi pour les preuves les plus reculées de la maison de Montesquiou, qui jusque là dut ignorer elle-même que les titres de son ancienneté fussent liés d'une manière aussi étroite à ceux de notre histoire.

famille de Montesquiou peut être regardée comme la plus ancienne de France, prouvant au moins trois siècles de plus que la maison royale.

Quant à celles qui ne sont pas d'origine souveraine, la famille vicomtale d'Aubusson offre l'exemple, peut-être unique en France, de titres également authentiques, prouvant, par une filiation non interrompue, de mâle en mâle, la même ancienneté que la maison de Bourbon. Car, depuis le neuvième siècle * jusqu'en 1280, on les voit posséder héréditairement la vicomté d'Aubusson, vendue alors à la maison de Lusignan par Reynaud VII, vicomte d'Aubusson. Mais ses descendants continuent comme seigneurs de la Feuillade, conservant seulement le nom d'Aubusson, jusque sous Louis XIV, qui, en échange de Saint-Cyr, céda au maré-

Cela explique comment, avant cette époque, les grandes prétentions de ces seigneurs et des comtes d'Armagnac, leur branche cadette, étaient regardées comme sujettes à contestation. Mais s'il est aujourd'hui une vérité historique démontrée, c'est leur descendance de Clovis par les femmes.

* On attribue même à cette famille des prétentions à plus d'ancienneté. Mais au-delà du neuvième siècle, les preuves ne paraissent pas suffisantes.

chal de la Feuillade cette vicomté, passée de la maison de Lusignan à la couronne.

Mais dans la plupart des familles nobles, même parmi celles qui ont joint une illustration presque constante à l'ancienneté, on suit à grand'peine la filiation jusque vers le douzième siècle au plus loin, à travers les changements qu'amènent dans leurs noms féodaux les alliances, les échanges, les donations, les confiscations, la chute ou l'agrandissement des familles. Le maréchal Boucicaut était, sous Charles VI, vicomte de Turenne et comte de Beaufort. Dans combien d'illustres familles ont passé ensuite ces deux fiefs ! Ce nom de *Boucicaut* était un sobriquet donné par plaisanterie au maréchal Boucicaut, père de celui dont nous avons les mémoires. Le nom de *Le Meingre*, qu'ils portaient aussi, paraît avoir été un sobriquet plus ancien donné à quelqu'un de leurs aïeux. Celui de Boucicaut prévalut. Quel était donc leur nom de famille, au milieu de tout cela? On ne saurait le dire : il n'y avait encore rien de fixe à cet égard. Or le maréchal Boucicaut mourut en 1421.

Ces remarques prouvent toute l'absurdité

qu'il y avait eu, pendant la révolution, à vouloir donner à la maison royale un prétendu nom de famille antérieur à son avénement au trône. Le premier roi de cette race s'appelait *Hugues* : voilà son seul nom ; il l'avait reçu au baptême. Son surnom de *Capet* lui était également personnel [*] ; car son père, qui se nommait aussi Hugues, avait été surnommé *le Grand, le Blanc* ou *l'Abbé;* et son fils, qui se nommait Robert, avait eu le surnom de *Dévot* ou de *Savant* [**]. Si donc on eût voulu donner au roi dépossédé un nom bourgeois, d'une analogie tant soit peu raisonnable, on n'aurait guère pu l'appeler que *Louis-le-Roi*, comme surnom, ou bien, du nom que portaient ses ancêtres à l'époque de la fixation des noms de famille, *Louis Bourbon.*

[*] Quant à la dénomination de Capétiens, c'est un de ces termes de convention employés par les sciences dans leurs classifications pour y mettre de la clarté.

[**] La même observation peut s'appliquer au premier personnage de cette famille qui ait régné pendant la seconde race, par une espèce d'*intérim :* Eudes, comte de Paris, oncle de Hugues-le-Grand, et fils de Robert-le-Fort, avait un nom différent de ceux de ces deux princes.

Il est certain que bien d'autres erreurs ont été commises, et par les déclamateurs ignorants, et par les généalogistes complaisants, pour n'avoir pas tenu compte de ce qui distingue une époque d'une autre : distinction sans laquelle la chronologie elle-même, au lieu d'être, comme on l'appelle, le flambeau de l'histoire, ne serait, si l'on pouvait s'exprimer ainsi, qu'une sorte de lanterne sourde, guidant nos pas, mais à travers les ténèbres.

Or, puisque tous les caractères du cachet que j'examine et l'ensemble de sa disposition le placent à la fin du quatorzième siècle ou au commencement du quinzième, époque où vivait le maréchal Boucicaut, nous verrons dans le nom de *Longue-Espée* un surnom personnel, dont je trouve encore un ou deux autres exemples avant et après cette époque. Parmi les surnoms militaires alors usités, celui-là pouvait flatter particulièrement un seigneur normand, puisque ç'avait été le surnom du second duc de Normandie, Guillaume, fils de Rollon *.

* Dans les curieux détails recueillis par M. Deville, au sujet du tombeau de ce prince, on voit que sur des registres du quinzième siècle le nom de *Longue-Espée* reste aussi en fran-

L'exercice continuel des armes, pendant la féodalité, donnait à ces seigneurs une force prodigieuse, dont nous avons la preuve dans le poids excessif de certaines armures. Ce poids est tel quelquefois, qu'on serait tenté de les accuser du même genre d'imposture qu'Alexandre-le-Grand, qui, suivant quelques historiens, laissait après lui, comme traces de son passage, des mors de chevaux et des casques d'une grandeur exagérée, voulant ainsi faire croire à ceux qui viendraient dans les mêmes

çais au milieu de la phrase latine. « Ad faciendum depingi ymaginem Guilelmi de *Longue-Espée.* » (Actes capitul. mss. de la cathédrale de Rouen, 12 mai 1467.) « Ad faciendum depingi statuam ducis *la Longue-Espée.* (Ibid. mars 1460.)

Ce nom est en latin dans une épitaphe inscrite sur son tombeau l'an 1063.

HIC POSITUS EST

GUILLELMUS DICTUS LONGA SPATA.....

et dans une épitaphé en vers léonins, extraite du vieux nécrologe de la cathédrale :

« Rollonis natus, Guilelmus, longa vocatus

« Spata....»

(*Tombeaux de la cathédrale de Rouen,* par A. Deville. Rouen, 1833. in-8°, pag. 19 et suiv.) Article de Guillaume, fils de Geoffroy Plantagenet.

lieux, que son armée avait été, non seulement par les actions, mais par la taille, une armée de géants. Il existe des épées de ces anciens chevaliers, d'une dimension telle, qu'on a peine à en comprendre l'usage. Celle que madame la duchesse de Vicence conserve à Caulaincourt, et qui passe pour être l'épée de Godefroi de Bouillon, a près de cinq pieds de long et est large à proportion [*]. Ces armes terribles, nommées ensuite plus particulièrement espadons [**], ne se maniaient qu'à deux mains, et même pour

[*] «.... Celle de Godefroy de Bouillon, dont quelques historiens des croisades disent qu'il fendoit un homme en deux. La même chose est racontée de l'empereur Conrad, au siége de Damas. M. Du Cange dit que ces faits, tout incroyables qu'ils paroissent, ne lui semblèrent plus tout-à-fait hors de vraisemblance, depuis qu'il eut vu à Saint-Phara de Meaux, une épée antique, que l'on dit avoir été celle d'Ogier-le-Danois, si fameux du temps de Charlemagne, au moins dans les romans; tant cette épée est pesante, et tant par conséquent elle supposoit de force dans celui qui la manioit (voce *Spata*, gloss.) Le P. Mabillon, qui la fit peser, dit qu'elle pesoit cinq livres et un quarteron. » (*Histoire de la milice françoise*, par le P. Daniel. Paris, 1721. 2 vol. in-4°, tome I, liv. VI, page 411.)

[**] C'est sous ce nom qu'elles sont désignées au musée d'artillerie.

s'en servir aisément ainsi, il fallait une force qui semble surhumaine. Elles ne devaient être ceintes * qu'à cheval, avec le reste de cette armure complète de l'homme et du cheval, si embarrassante, qu'un homme d'armes abattu ne pouvait se relever seul. Aussi l'on sentit souvent l'importance de mettre dans les rangs, près des hommes d'armes, quelques combattants à pied; et le père Daniel attribue même à ce motif l'établissement des gendarmes à pied dans l'ancienne milice **. C'était pour un semblable ministère que deux bourgeois de Paris se tenaient à pied au frein du cheval du roi, les jours de bataille; et ils y firent souvent des prodiges de valeur ***. On conçoit donc qu'une épée remarquable alors **** par sa grandeur fût

---

* Elles n'avaient pas de fourreau, et la manière de les suspendre était toute différente de celle des épées modernes.

** *Histoire de la milice françoise*, t. I, l. V, page 311.

*** Voyez l'*Histoire du Droit municipal en France*, par M. Leber.

**** Entre l'époque des croisades et celle que nous assignons au cachet, la forme des épées changea, et on les porta très-courtes, mais elles étaient redevenues longues au quinzième siècle. « L'épée de la Pucelle d'Orléans, que l'on voit au tré-

un titre imposant. Peut-être le seigneur à qui appartenait notre cachet était-il d'autant plus fier de ce surnom, qu'un de ses ancêtres l'avait déjà reçu du temps des croisades ; ce qu'indiqueraient et l'épée qui se voit sur l'écu, et la tête de Christ servant de cimier.

La tradition conservée dans le pays sur l'existence d'un trésor au fond de ce puits, recouvert depuis des siècles, signalé seulement par la même tradition, et auquel M. de Montesquiou est arrivé par ses fouilles, me semble fort intéressante, et s'accorde très-bien avec toutes les inductions que nous pouvons tirer de ce cachet. S'il est, comme c'est mon opinion, du règne de Charles VI, quels malheurs ne désolaient pas alors la France, dont presque tout le territoire, et notamment la Normandie, était au pouvoir des Anglais ! Faudrait-il s'étonner qu'un seigneur normand eût alors enfoui ce qu'il avait de plus précieux ? Si ce seigneur périt ensuite, avec sa famille, dans

» sor de Saint-Denis, est très-longue et large à proportion. »
Le P. Daniel, livre cité , page 414.

quelqu'une de ces collisions sanglantes *, une tradition vague put se conserver, et ce qu'elle avait de mystérieux put la propager indéfiniment. Le cachet trouvé d'abord presque à la surface du sol pourrait venir à l'appui de la tradition, si l'on appliquait à cette circonstance un proverbe alors connu, car je l'ai vu cité dans des manuscrits latins de ce temps-là ** : *Nemo vas vacuum consignat*, c'est-à-dire : *Personne ne met son sceau sur un coffre vide.*

Les développements auxquels nous nous sommes livré à l'occasion de ce cachet nous seront pardonnés par les personnes qui savent

---

* Ceci, bien entendu, n'est qu'une supposition, fondée seulement sur l'absence de renseignements au sujet des armes du cachet. Il va sans dire qu'elles n'ont rien de commun avec celles de la maison de Montesquiou, qui porte *Parti au premier de gueules plein, et au deuxième d'or à deux tourteaux de gueules posés l'un sur l'autre.* J'ai dû aussi m'assurer qu'elles n'avaient pas de rapport avec celles des Messieurs de Clinchamp, ancienne famille de Normandie, qui porte *D'argent à une fasce de gueules, accompagnée de trois chandeliers du même, passant au-dessus de la fasce.*

** Dans presque tous ceux qui contiennent l'histoire fabuleuse d'Alexandre-le-Grand, un des livres le plus en faveur alors. J'ai sous la main le ms. latin de la Bibliothèque du Roi n° 8519. Ce proverbe s'y trouve au folio 5 *verso*, lin. 6.

combien de points de vue embrassent les études historiques, et à combien de questions intéressantes peuvent se rattacher les moindres monuments. Souvent, par un heureux concours de circonstances, ils jettent sur un endroit de l'histoire un jour nouveau. Si, par exemple, on trouvait en Normandie quelque autre monument portant ou ces armes ou ce nom, de leur comparaison pourraient jaillir des notions nouvelles et intéressantes.

IV.

HISTOIRE.

L'ÉTUDE ACTUELLE DE NOTRE HISTOIRE.

La situation géographique de la France en fait un tout homogène, favorable à l'amour de la patrie. A la fin du siècle dernier, la défense du territoire envahi, suivie aussitôt de nos irruptions victorieuses et de tant de prodigieux succès, fit tourner au profit du patriotisme général tous les sentiments partiels d'attachement à la province, qui se fondirent, plus qu'à aucune autre époque, en un sentiment national, commun à tous. Ainsi, dans cette crise si complète, la grande explosion guerrière qui succéda à ce bouleversement de la société, et la main puissante qui y établit solidement un ordre nouveau, déracinèrent dans la nouvelle génération ces habitudes des mœurs anciennes, transmises presque sans altération depuis des siècles.

Quand la paix, succédant enfin à ces vingt ans de guerre, en ramenant chez eux ceux qui avaient survécu, favorisa le goût du repos et les tranquilles études, l'esprit se reporta d'abord sur les grands événements qui venaient de bouleverser le monde. Après avoir étudié ou décrit cette période étonnante que l'on achevait à peine de traverser, l'investigation s'avança davantage dans le passé, toujours en y cherchant des armes pour combattre l'ordre présent. La révolution communale au douzième siècle fut présentée d'une manière brillante, par M. Augustin Thierry, comme les premiers efforts d'une lutte que le parti populaire vaincu avait reprise six siècles plus tard, pour y remporter un triomphe définitif dont le dénoûment s'effectuait sous nos yeux. Les libres discussions propres au gouvernement représentatif attaquant successivement les différents abus, on reconnut, avec plus de certitude encore, que la centralisation, telle que l'avait organisée cette main si forte qui tenait les rênes de l'empire sans quitter l'épée, était une grande source d'abus administratifs, d'entraves aux libertés les plus légitimes et d'extension immodérément progressive, donnée à la capitale, au détriment du reste du royaume. Il n'était que trop facile de prouver la justice de ces plaintes.

Si l'on chercha dans l'examen du passé quel avait été, avant 89, l'état respectif de la capitale et des provinces, on put apercevoir déjà une tendance à l'abaissement de celles-ci dans l'éclat de la cour de Louis XIV. Là commencèrent à se réunir, comme de pâles satellites, tous ces astres de province, autour desquels se réunissaient auparavant autant de petites cours, qui entretenaient sur les divers points de la France des centres de richesse et d'élégance de mœurs. Alors le mot de provincial, qui devient une espèce de moquerie. Le langage à la mode divise ce grand royaume en trois parts bien inégales : la cour, la ville et les provinces. Celles-ci commencent à devenir moins agréables ; car les prétentions du bel air de la cour s'y étant une fois répandues, et s'y renouvelant, pour ainsi dire, à chaque nouvel arrivant de Versailles, y donnèrent trop souvent à la bonne compagnie un air faux et guindé, mine féconde pour les auteurs comiques du dix-huitième siècle. Bien des ambitions, qui, sous les règnes précédents, auraient trouvé un théâtre suffisant dans leur province, s'y sentirent à la gêne; et dans l'espoir de briller à la cour et d'y trouver la faveur, vinrent se ruiner à Paris et à Versailles, au lieu de tenir chez eux le même état que leurs ancêtres, en contribuant ainsi pour leur part à la prospérité et à l'agrément de leur province.

Toutefois cette tendance n'avait guère d'effet que sur les sommités de la société. La cour et la ville offraient sans doute alors à beaucoup de gens des chances de fortunes aussi étonnantes que rapides; mais c'étaient des faits isolés, et, comme on dit, un billet à la loterie. La séduction n'y était pas organisée d'une manière dangereuse pour l'émigration provinciale, comme elle l'est aujourd'hui par la perspective qu'offre aux ambitions de tout étage l'immense personnel de tant d'administrations diverses.

On sait que Louvois était ministre de la guerre avec vingt-quatre commis pour tout personnel administratif. De plus alors, non pas seulement chaque gouvernement ou chaque

province, mais chaque généralité, chaque élection s'administrait chacun chez soi, et offrait
ainsi, sur les lieux mêmes, un but honorable et
suffisant à toutes les ambitions modérées. D'une
stabilité plus grande dans les existences, et
d'habitudes plus sédentaires il résultait que,
malgré les petites prétentions d'imiter de loin
la cour et Paris, peu de personnes, surtout
dans la bourgeoisie, avaient en perspective l'idée
d'y aller demeurer. La perspective de couler
ses jours dans le lieu qui nous avait vus naître
était une idée aussi agréable que naturelle et
ordinaire. On cherchait donc à embellir de son
mieux un séjour qui devait être le théâtre de
toute l'existence. De là, pour la haute bourgeoisie, cette bonne et agréable vie de certaines
provinces, dont nos grands-pères nous ont fait
des récits plus attrayants encore que ceux du
brillant tourbillon de la cour.

Il est vrai que, de toutes ces coutumes diverses, de toutes ces juridictions différentes,
résultait une confusion telle dans les lois, qu'on
a peine à comprendre aujourd'hui comment il
n'y avait pas à chaque transaction un nouveau
conflit, une difficulté nouvelle ; quand on pense

que la ville de Paris, capitale du royaume et résidence des rois jusqu'à Louis XIV, était soumise, jusqu'au règne de ce prince, à trois juridictions différentes : celle du roi, celle de l'évêque de Paris et celle de l'abbesse de Montmartre. Il y avait telle rue qu'il suffisait de traverser pour changer de juridiction. Ainsi, dans une contestation entre deux voisins demeurant en face l'un de l'autre, arrivaient aussitôt de chaque côté les officiers de leurs seigneurs respectifs. Mais tout cet embrouillement féodal, dont l'habitude devait cependant diminuer un peu les graves inconvénients, a été mis de côté par l'uniformité du Code et de l'administration.

Maintenant que les inconvénients n'existent plus, on cherche à recouvrer une partie des avantages qui donnaient aux anciennes provinces une importance bien mieux appropriée à l'équilibre raisonnable d'un pays homogène comme le nôtre. Mais la puissance de l'action centrale borne, jusqu'à présent, ces efforts aux recherches de la littérature *rétrospective*, c'est-à-dire de l'histoire ; car sa mission a toujours été de faire revivre le passé :

> Clio gesta canens, transactis tempora reddit.

Il semble qu'il y ait dans la carrière des peuples un point avancé où ils se retournent volontiers et se mettent à regarder derrière eux ce passé dont les grandes périodes sont accomplies. C'est surtout après ces violents cataclysmes politiques, qui renouvellent, en quelque sorte, la face de la société, quand le calme succède enfin aux dernières tempêtes, que l'on peut remarquer cette direction. L'interruption des transitions, la différence des mœurs qui détruit toute solidarité, font alors du passé un objet d'étude purement spéculatif. On se flatte de pouvoir y porter un regard dégagé de passion; et en même temps les liens qui nous attachent à nos ancêtres, à notre pays, donnent un grand intérêt à ces recherches. On étudie curieusement les faits de l'histoire sous toutes leurs faces, et l'on est frappé d'y découvrir bien des choses qu'on n'y avait pas même soupçonnées.

C'est ainsi qu'après les luttes épouvantables qui mirent fin à la république romaine et établirent l'empire, lorsque le hasard, qui joue un si grand rôle dans les gouvernements despotiques, fit régner enfin le repos dans le monde sous quelques princes sages et modérés, les recherches littéraires se portèrent vers les âges antérieurs. Plutarque faisait revivre dans leurs faits et gestes tous ces vieux républicains de la Grèce et de Rome ; Josèphe composait ses Antiquités judaïques ; Pausanias parcourait la Grèce en véritable archéologue ; Apulée cherchait à rajeunir les formes d'un archaïsme depuis long-temps délaissé ; Hérode Atticus ornait sa splendide *villa* de ces monuments triopéens, où il se plaisait à faire imiter les caractères des plus anciennes inscriptions ; sans se douter peut-être que, par le hasard singulier d'une conservation refusée à tant de monuments originaux, ces objets d'un ingénieux délassement, devenus à leur tour des monuments plus antiques que ne l'étaient alors ceux qu'ils retraçaient, offriraient, au bout de quinze siècles, une source curieuse et féconde à l'archéologie.

Nous paraissons arrivés au même point de vue du passé où étaient les Romains du second siècle. Comme alors, un calme réel, rarement et faiblement troublé, met fin aux orages de l'époque intermédiaire. Comme alors, nous étudions avec respect nos anciennes annales, nos coutumes antiques, la langue surannée de nos pères et tous leurs anciens monuments. Comme le plus grand mérite d'un bijou pour les dames romaines du second siècle était d'avoir appartenu à Cléopâtre, à Bérénice ou à Statira, nous voyons de même les gens du monde les plus frivoles payer presque au poids de l'or les curiosités *moyen-âge*, naguère si dédaignées. Enfin, pour compléter le rapprochement, on trouve même aujourd'hui des imitateurs d'inscriptions antiques ; seulement ils diffèrent d'Hérode Atticus, en ce que ce riche Romain, au lieu de vouloir les donner frauduleusement pour contemporaines de Lycurgue, se faisait au contraire un mérite de leur imitation.

Mais les amis de notre vieille histoire sont mieux partagés qu'on ne le fut alors à Rome ou dans Alexandrie, en ce qu'ils ont été précédés, il y a plus d'un siècle, d'hommes qui, dans le loisir d'une pieuse et savante retraite, séparés du tourbillon contemporain, portaient un œil scrutateur sur nos origines nationales, exploitaient des trésors historiques dont une partie est perdue, mettaient leur noble esprit de corps à exécuter successivement, pour les conduire jusqu'au terme, de bénédictins en bénédictins, des entreprises comme on n'en fait plus.

Leurs travaux sont le modèle tout tracé pour ceux qui aspirent encore à exhumer d'anciens titres de notre histoire et à recueillir de toutes parts la contribution des faits au profit de l'instruction.

« Il n'a pas suffi aux bénédictins de la congrégation de Saint-Maur, comme à tant d'autres éditeurs, dit M. Daunou, de transcrire des chroniques et des relations diverses, sans rectifier ou éclaircir ce qu'elles pouvaient contenir d'incorrect, d'inexact, d'incohérent ou d'obscur: ils ont réuni, comparé, vérifié tous les textes originaux, soit déjà connus, soit inédits, en y joignant tout ce qu'il fallait de dissertations, de notices, de notes critiques et grammaticales, de tables géographiques, chronologiques, historiques, pour les expliquer et en rendre la lecture aussi facile que profitable. »

Les bénédictins avaient donc porté à toute la perfection donnée aux œuvres humaines leur méthode de traiter l'histoire; et M. Guérard, dont l'opinion est ici d'un si grand poids, a fait admirablement la part de leurs travaux, et celle des histoires systématiques qui groupent avec art des faits triés à l'appui d'une idée principale, et qui font prédominer par-dessus tout de grands principes, dont l'énoncé sentencieux et solennel impose à la grande majorité des lecteurs. Ces auteurs vous amènent, non pas à une reconnaissance des faits, mais à la vérification du principe qu'ils ont établi. Si, au moyen d'autres rapprochements qu'ils ne vous auront pas indiqués, vous apercevez ensuite par vous-même que leur principe est faux, vous avez perdu à suivre une erreur nouvelle, un temps que l'étude de l'histoire doit donner sans partage aux faits. Ceux qui sont allégués à l'appui du principe, fussent-ils tous de la plus parfaite exactitude, concourent à établir une erreur par leur isolement et leur triage. Qu'un historien de la ville de Paris, par exemple, rassemble, avec une richesse d'érudition incontestable, tout ce qu'une aussi grande capitale, depuis 1789 jusqu'aux temps les plus reculés, a renfermé de vices, de turpitudes et de désordres en tout genre, ce livre, malheureusement trop substantiel, sera complet et vrai, s'il est présenté comme l'histoire scandaleuse de Paris. Mais si un tel ouvrage, composé *ab irato*, prétend n'offrir, de tous points, dans la vie de nos pères, qu'objets d'indignation et de mépris, ce livre nous trompe; et pourtant il n'avance que des faits exacts : c'est qu'il met de côté tout un ordre de faits qu'il ne veut pas regarder, et sur lesquels il refuse à son érudition d'exercer ses recherches. Au tribunal de l'histoire, comme à celui de la justice, on est tenu de dire non seulement la vérité, mais toute la vérité.

Que sera-ce si nous passons des plans sages et bien coordonnés de nos savants, même dans leurs aberrations, à ce mélange singulier d'une aventureuse imagination jointe à une érudition profonde et détaillée, tel que nous le présente parfois la docte Allemagne? Nous pourrions citer, par exemple, sur les commencements de l'histoire romaine quelques vues, d'autant plus goûtées, à ce qu'il semble, au-delà du Rhin, qu'elles sont plus bizarres et plus inattendues.

Pour notre histoire, en attendant qu'il nous arrive quelque sublime système *a priori*, qui vienne tout-à-coup illuminer nos origines et nos fastes d'un jour nouveau, nous avons la bonhomie d'étudier cette histoire sur place, sur les édifices de nos aïeux, sur leurs ouvrages d'art ou d'industrie, sur les parchemins des chartriers, les cartulaires des abbayes, les registres des parlements, les ordonnances des rois, les traditions des vieilles coutumes. Chacun veut fournir son contingent dans cette mise en œuvre des matériaux de l'histoire : l'un dresse l'état des lieux d'une imposante cathédrale, ou vient interroger les tombeaux et les ruines d'un somptueux monastère ; l'autre assemble à grands frais des meubles et des ustensiles à l'usage de nos ancêtres ; celui-ci s'attache aux vieux romans, aux chansons, aux contes populaires ; celui-là aux pièces autographes, aux titres originaux.

Tout le monde a remarqué la différence d'impression que produisent des ruines antiques auxquelles une suite de siècles a donné un caractère de majesté solennelle, et ces ruines récentes d'édifices où tout rappelle des souvenirs d'hier. Les premières font réfléchir comme l'histoire, les secondes comme la mort, car leur vue est accompagnée de tristes retours sur nous-mêmes, et sur cette société dont nous faisons partie. Mais surtout lorsqu'un abandon prématuré ou des dévastations furieuses font déjà une ruine d'un monument qui avait encore des siècles devant lui, le cœur saigne à l'ami des arts, de la science historique et de la civilisation.

Les révolutions sont fécondes en ruines de ce genre. Un grand mouvement social, comme celui de 89, en renouvelant, en quelque sorte, toute la société, rend sans objet une foule d'édifices auxquels les mœurs nouvelles ne peuvent plus s'adapter. Ces immenses châteaux, que peuplait le monde de clients et de valets formant la maison d'un grand seigneur, sont bien déserts aujourd'hui quand un de nos contemporains, quelle que soit sa richesse, y transporte le train peu nombreux que comportent nos habitudes. Ces grandes abbayes, où la sévère magnificence des abbés élevait quelquefois des églises aussi belles que des cathédrales, des cloîtres aussi vastes que des palais, ne peuvent plus conserver rien de leur destination. Les bénédictins sont bien morts, et l'idée de les ressusciter a été, ces années dernières, une honorable, mais décevante tentative. L'homme ne peut pas ainsi, à son gré, reprendre ce qu'il

y a de grand, de beau et d'utile dans une constitution sociale qu'il a détruite. Tout se tient
dans un corps de société, et il serait facile de
prouver la connexité nécessaire des vices de
l'ancien régime avec ses plus belles institutions,
telles que les ordres religieux savants.

Peut-être aussi n'aurait-on pas besoin de recourir au paradoxe pour montrer que la société
a nécessairement perdu en vigueur et en énergie ce qu'elle peut avoir gagné en juste égalité,
en garanties, en sécurité générale. S'il y a un
progrès bien réel sur ces derniers points, d'un
autre côté, une imagination poétique et *rétrospective* aimerait souvent mieux l'effet grandiose
des anciens contrastes.

Les monuments des deux anciennes puissances, féodale et religieuse, ces immenses châteaux, ces magnifiques abbayes, sont là pour
nous montrer les grandes proportions de cet
ordre social renversé. Malheureusement une
première fureur de destruction a été suivie,
trente ans plus tard, d'un système raisonné,
fondé sur les sordides calculs de l'intérêt, et
s'appuyant des maximes d'une mesquine économie politique. La bande noire de 1820 a plus

détruit peut-être que l'exaltation populaire de
1793. Et Dieu sait où se serait arrêtée cette
rage de démolition si, en voyant partout disparaître ces monuments qui faisaient la gloire
et l'ornement de nos provinces, on n'avait fini
par être effrayé de cette dévastation effrénée,
et si un *tolle* général ne s'était élevé contre les
spéculateurs qui la dirigeaient si fructueuse-
ment.

Sous l'Empire, l'art avait reçu une direction
funeste à la conservation de nos monuments
historiques. Le culte exclusif de l'école de David pour un beau idéal, espèce de terme de comparaison présenté aux arts pour régler leur
admiration ou leur dédain, faisait méconnaître
les beautés du style sarrazin, dit gothique, et
des sculptures des mêmes temps, si remplies
d'expression et de naïveté. Les meubles de la
renaissance et du siècle suivant, ornés avec tant
de richesse, de grâce et d'invention, étaient
réputés *rococos*, et leurs ornements remplacés
par ces colonnes corinthiennes ou doriques, si
étonnées de quitter les portiques et les temples
pour prêter leur solide et majestueux appui à
des couchettes, à des commodes et à des gué-

ridons. Tel meuble que se disputent aujour-
d'hui les plus riches amateurs aurait été détruit,
pour sa ferrure ou ses cuivres, ainsi que l'ont
été tant d'autres d'un travail égal ou même
supérieur.

Comme tout va, dans ce monde, par sauts et
par bonds, à cette véritable barbarie, professée
au nom de l'antique, a succédé peut-être trop
d'engouement pour le moyen-âge.

Néanmoins cette attention portée sur le
moyen-âge a eu plus d'un heureux résultat. On
peut dire qu'elle a fait considérer l'histoire
d'une manière toute nouvelle; et en même
temps le caractère religieux des principaux
édifices de cette époque amène naturellement
leurs admirateurs au respect de la cause puissante à laquelle ils sont dus. Il y a donc sou-
tien mutuel entre la disposition religieuse et la
disposition *artistique*, comme on dit aujour-
d'hui.

La coïncidence de cette réaction dans les arts,
avec l'impulsion donnée aux études historiques,
est surtout remarquable. Comment, en effet,
pouvait-on allier un véritable respect pour nos
annales avec le dédain des monuments témoins

de tant d'anciennes choses et qui parlent si éloquemment à celui qui sait les interroger? Cette manière de corroborer l'étude de l'histoire par celle des monuments a donné lieu à plusieurs excellentes monographies historiques, travaux bien plus utiles et plus substantiels que ces pâles résumés généraux, décorés du titre d'histoires de France. Plusieurs sociétés se sont formées dans les provinces pour en explorer les antiquités, et ce mouvement a été secondé de la manière la plus louable par un ministre éclairé, auquel ses adversaires politiques même se plaisent à reconnaître un zèle et une ardeur de perfectionnement qui ne pouvaient être mieux placés.

Mais, avant qu'un respect raisonné pour les monuments historiques passe des sommités intellectuelles dans les masses, nous avons bien du chemin à faire, ou plutôt nous n'y arriverons jamais. Car il semble qu'il y ait un certain tribut d'inconséquences dont les nations ne puissent s'affranchir. Nous rions des peuples lointains chez lesquels la forme et la dimension de la barbe et de la coiffure, la couleur ou la coupe de tel vêtement donnent lieu à de graves démêlés, à des inimitiés durables, à des collisions sanglantes. Cette responsabilité que l'on fait peser sur le signe représentatif d'une affection politique va certainement chez nous aussi loin que possible ; et les satiriques étrangers doivent avoir beau jeu en apprenant qu'une fleur élégante et suave est proscrite des jardins royaux, parce qu'elle porte le même nom qu'un emblème héraldique dont nos aïeux se sont fait gloire pendant huit cents ans.

Par une tradition nationale, le roi portait plus spécialement cet emblème, appartenant au pays sous les différentes branches dynastiques, quelles que fussent leurs armoiries particulières avant d'occuper le trône. Or voilà que le dernier roi est détrôné, et l'on expulse avec lui un signe qui lui appartient moins qu'à la nation ; on a l'air de jeter avec mépris dans ses bagages toute la gloire des siècles qui avaient précédé ; comme si, en renonçant à l'avoir pour chef, la nation se déshéritait forcément elle-même de tous ses souvenirs. Les peuples sont bien enfants dans les plus grands coups qu'ils portent, pour commencer ainsi par se frapper eux-mêmes.

La réflexion peut faire convenir de pareilles inconséquences et faire revenir sur ses pas ; mais d'aller mutiler d'antiques édifices parce qu'ils portent des emblèmes sculptés là des siècles avant le prince que l'on veut punir par ces mutilations absurdes, c'est à peu près irréparable. Vous ôtez à l'histoire ces traces sensibles, contemporaines des monuments dont elles attestent ainsi l'âge et les destinées ; ou plutôt, en y laissant vos traces de destruction, vous vous apprêtez un rôle odieux dans l'histoire. Et remarquons jusqu'où va l'inconséquence des passions politiques : c'est quand on n'a pas assez de blâme contre la Restauration pour avoir remplacé les emblèmes de l'Empire par les siens que l'on se livre à ces mutilations bien moins faciles à justifier ; car à Paris je ne crois pas qu'on ait épargné une seule fleur-de-lis sur les monuments publics, où un certain nombre avait traversé même la grande révolution ; tandis que, sans parler de la Colonne, sur des édifices même antérieurs à Napoléon, tels que le Louvre, la Restauration avait respecté plusieurs aigles, ces glorieux intrus. Laissons à chacun sa marque, en ajoutant la nôtre à celle de nos prédécesseurs. Nous paierons ainsi tous notre tribut à l'histoire, qui jugera des droits inscrits.

Mais non ; tout concourt, au contraire, à la ruine des monuments historiques : le temps, l'indifférence, l'ignorance, la prévention, la cupidité, la guerre, les troubles religieux, les discordes civiles, les révolutions même faites au nom de la civilisation et du respect pour les lois. Et notez bien que notre climat, loin d'être, comme celui de l'Égypte, un climat conservateur, est, au contraire, destructeur par ses intempéries. Arrivée à un certain point, la destruction fait de rapides progrès. De plus, au lieu de présenter ces larges surfaces, ces blocs énormes dont le vaste ensemble produit de si imposants effets dans les ruines de l'Égypte, nos monuments les plus remarquables offrent toutes les délicatesses de la riche et élégante architecture ogivale : autant de prises à la destruction, sous quelque forme qu'elle arrive menaçante.

Il faut donc rendre grâce à ce goût pour l'histoire, sentiment conservateur qui cherche à contre-balancer tant de causes de destruction. Oui, il faut l'encourager de toutes nos forces, et, pour le régulariser, ne pas craindre de dire avec M. le marquis de Fortia, président de la Société de l'Histoire de France: « Les travaux des Bénédictins serviront de base aux nôtres ; loin d'être leurs rivaux, nous serons leurs disciples. »

HISTOIRE

DE

LA DESTRUCTION DU PAGANISME

EN OCCIDENT,

Par A. BEUGNOT,

De l'Institut de France.

———◆———

Nous voudrions faire comprendre une partie des difficultés et des écueils de ce sujet. La lutte si inégale, commencée dans les premières années de notre ère entre les deux religions, présente pendant les trois premiers siècles le christianisme grandissant par les persécutions et toujours fécondé par le sang de ses martyrs ; au point que la plus violente de toutes les persécutions, celle de Dioclétien, dont la chronologie de l'Église avait consacré d'une manière durable le douloureux souvenir, précède seulement de quelques années le moment où cette religion s'assied sur le trône avec Constantin. Alors les rôles changent, comme par un coup de théâtre, s'il était permis de s'exprimer ainsi. L'établissement de la liberté des cultes laisse voir aussitôt dans le paganisme cette débilité, cette tiédeur d'un culte usé, dont il ne reste plus guère que la partie politique et les cérémonies.

Du côté des chrétiens sont tous les avantages que peuvent donner la puissance de la foi, le sentiment de la vérité, la force du raisonnement, la confiance dans l'avenir et l'ardeur du prosélytisme. Ces deux parts de la société ne sont pas long-temps immobiles en présence l'une de l'autre. La liberté des cultes établit bientôt une lutte dont le paganisme ne se relèvera pas; ou plutôt c'est de la part du christianisme chaque jour une nouvelle conquête, de la part du paganisme chaque jour la perte d'une position. De grands talents brillent de part et d'autre; mais, chez les chrétiens, ils se multiplient partout avec une fécondité qui atteste tout ce qu'il y a d'énergie vitale dans leur croyance, tandis que le peu de fervents défenseurs du polythéisme promènent autour d'eux des regards découragés, en ne se voyant plus soutenus que par l'influence de l'habitude et celle de quelques grands intérêts.

Cette lutte dure un siècle. Mais quelles en furent les vicissitudes? Et, lorsque le christianisme vainqueur fut, à son tour, assez puissant pour abolir la liberté des cultes, quels vestiges de son long empire le paganisme laissat-il sur la terre? Combien de temps ces traces sont-elles assez sensibles, assez peu altérées, pour constituer, par le fait, une religion puissante encore dans les mœurs, en dépit des lois, et même de la part de celles-ci l'objet d'une grande tolérance? Car les chrétiens, après avoir détruit le paganisme comme culte public et légal, n'allèrent pas plus loin et ne firent pas la guerre aux consciences.

L'histoire des derniers temps du paganisme depuis Constantin présente, comme nous l'avons dit, des difficultés toutes particulières ; elles proviennent de la destruction de presque tous les ouvrages contraires aux chrétiens ou favorables à leurs adversaires. Ainsi une destruction systématique, opérée non seulement par les contemporains de cette lutte, mais ensuite par leurs successeurs pendant tout le moyen-âge, où le christianisme régnait seul, s'est jointe aux ravages du temps pour nous priver des lumières que devaient fournir les écrivains païens ; tandis que, du côté des chrétiens, on n'a que l'embarras du choix, tant sont abondantes les sources de tout genre.

Au peu d'impartialité que font attendre de tels matériaux il faut joindre encore la tactique des écrivains ecclésiastiques contemporains, intéressés à déclarer le paganisme anéanti bien avant qu'il le fût réellement. De là, beaucoup d'erreurs historiques dans les écrits des modernes. Les auteurs ecclésiastiques du quatrième et même du cinquième siècle laissent bien voir assez fréquemment qu'ils regardaient encore le paganisme comme un adversaire redoutable ; mais ces témoignages précieux passaient inaperçus aux yeux de ces auteurs, prévenus par leurs chants de triomphe prématurés. Pour bien sentir l'importance de ces aveux des docteurs chrétiens, il fallait un *criterium,* un moyen de comparaison en dehors du christianisme ; et il le fallait chercher dans tout ce que le paganisme avait laissé de traces de ses derniers moments. Les siècles qui suivirent Constantin, ainsi envisagés, pouvaient fournir la matière d'un ouvrage capital.

Ce travail n'avait encore été fait par personne. L'Académie des Inscriptions et Belles-Lettres jugea important de remplir cette lacune, et proposa, en 1830, le sujet suivant : « Tracer » l'histoire du décroissement et de la destruc- » tion totale du paganisme dans les provinces » de l'empire d'Occident, à partir du temps de » Constantin ; réunir tout ce que l'on peut sa- » voir par les auteurs tant chrétiens que païens, » par les monuments, et surtout par les inscrip- » tions, de la résistance qu'opposèrent au chris- » tianisme les païens, principalement de Rome » et de l'Italie ; enfin tâcher de fixer l'époque » où l'on a cessé, en Occident, d'invoquer nomi- » nativement les divinités de la Grèce et de » Rome. » L'ouvrage de M. Beugnot lui valut le prix, et, bientôt après, son entrée à l'Institut.

Nous avons dit que cet ouvrage, outre les difficultés de sa composition, présentait plusieurs écueils dans son exécution. Le premier était le risque de faire de la théologie au lieu d'histoire, et de traiter un sujet proposé par l'Académie des Inscriptions comme s'il l'eût été par la Sorbonne. M. Beugnot définit nettement, dans sa préface, la manière dont il comprend sa tâche : « Jusqu'au règne de Constantin, le christianisme lutta contre l'ancien culte par la discussion, par le raisonnement, par la propagation d'abord secrète et timide, puis publique et courageuse, de ses dogmes ; plus tard il agit ouvertement et par des faits positifs contre le paganisme. La première partie de la lutte fut philosophique; la seconde fut, en quelque sorte, matérielle : pendant la durée de celle-ci l'on vit les chrétiens dépouiller le sacerdoce païen, attaquer les temples, briser les idoles et disperser sur le sol les débris de l'ancien culte. Il est donc évident que l'écrivain qui traitera la première partie de ce sujet produira un ouvrage où les idées joueront un plus grand rôle que les faits, et qu'au contraire celui qui traitera la seconde écrira un ouvrage où les faits domineront les idées, c'est-à-dire un ouvrage historique. »

Autre écueil : c'était de substituer l'histoire

des progrès du christianisme à celle du décroissement du paganisme. Un auteur ecclésiastique, un Bénédictin, je suppose, aurait difficilement évité cette direction, à laquelle l'auraient porté involontairement toutes ses habitudes religieuses. D'un autre côté, le philosophisme du siècle dernier n'aurait pas manqué de trouver, dans un tel sujet, un texte pour faire la satire de la religion. Laissons encore s'expliquer M. Beugnot : « On ne peut raconter les derniers moments du paganisme sans dire comment son heureux adversaire parvint à lui ravir d'abord le pouvoir, ensuite la vie, et sans traiter beaucoup de questions délicates dont tout écrivain sage n'approche qu'avec timidité. Cependant l'historien qui ne peindrait pas la situation d'esprit dans laquelle se trouvaient les païens, qui adoucirait l'amertume de leurs plaintes, la dureté de leurs menaces, et qui, enfin, ne les laisserait pas parler en toute liberté, cet historien, dis-je, manquerait à ses premiers devoirs.

» Je regarde comme un devoir d'écrire une histoire simple et vraie des derniers moments du paganisme, et de montrer, non pas ce que les chrétiens et les païens auraient dû faire et dire, mais ce qu'ils ont fait et ce qu'ils ont dit. Je n'irai donc pas me placer, comme ma conscience m'y porterait, dans les rangs des chrétiens ; là je trouverais trop de préventions, de préjugés et de haines, j'écrirais une histoire chrétienne de la chute du polythéisme, et cette histoire, quelque soin que l'on mît à la composer, ne conduirait pas à la vérité. En m'adressant aux défenseurs des idoles, en scrutant les écrits échappés à leurs plumes, en interrogeant les monuments qu'ils ont élevés ; en acceptant, pour un moment, leurs idées et leurs folles espérances, je me flatte de parvenir à pénétrer leurs secrètes pensées, et peut-être aussi à réformer plusieurs fausses opinions admises et répandues par les historiens modernes. »

Ces promesses ont été admirablement remplies. C'est une chose que je crois sans exemple, qu'une telle impartialité dans un pareil sujet. L'auteur semble d'abord éprouver pour le paganisme cette prédilection involontaire que l'on ressent toujours pour le parti vaincu, qui nous attache à Hector dans l'Iliade, à Turnus dans

l'Énéide, aux Carthaginois dans l'histoire romaine. Mais on voit bientôt que les traits dont
il peint les chefs du parti païen au quatrième
siècle sont pris sur la nature. Rome était alors
et resta jusqu'à la fin le siége du polythéisme.
Pour en étudier les derniers temps, M. Beugnot ne s'est pas placé à Milan ou à Constantinople, sous l'influence de saint Jean Chrysos-
tôme ou de saint Ambroise : il a élu son do-
micile à Rome, il s'est fait sénateur romain, il
a garni son vestibule des images des ancêtres ;
il s'est rendu tous les jours au sénat, devant
l'autel de la Victoire, en traversant la ville éternelle, remplie de temples magnifiques, contemporains des grandes époques de la splendeur romaine ; il a conversé avec les pontifes
Symmaque, Prétextat, qui l'ont admis aux
détails de leur administration pontificale, à la
confidence de leur découragement ou au prestige de leurs illusions ; il a vu l'insouciance religieuse de leurs illustres amis, soutiens obsti-
nés cependant de la religion païenne, comme
du lien qui conservait une société dont ils étaient
les enfants, les continuateurs et les privilégiés ;
il a reconnu qu'avec la doctrine de l'intérêt il

y avait encore dans ces derniers défenseurs du paganisme de grands souvenirs de gloire et de patrie, et le respect pour les aïeux qui leur avaient légué ce noble héritage.

Alors l'auteur, ainsi devenu le familier des principaux personnages de son histoire, a pu pénétrer dans les provinces et y retrouver encore, sur une moindre échelle, avec moins d'appareil, mais avec une ferveur plus grande, l'attachement aux anciennes croyances. Il a pu aborder les docteurs chrétiens, comparer avec ses souvenirs leurs plaintes, leurs attaques ou leurs chants de triomphe. L'étude du paganisme chez les païens lui permet ainsi d'exploiter utilement la mine si riche des auteurs ecclésiastiques; désormais il peut les apprécier.

Mais comment, demandera-t-on, est-il parvenu à connaître ainsi la société païenne? Les inscriptions, dont l'examen lui était surtout recommandé par l'Académie, lui ont fourni une foule de notions sur l'état florissant du paganisme à une époque où, si l'on en croyait quelques écrivains ecclésiastiques comme Eusèbe, ce culte ne devait plus donner signe de vie. Les nombreuses inscriptions citées par M. Beugnot présentent à ce sujet les détails les plus variés et souvent les plus inattendus. Nous n'avons pas besoin d'ajouter que ces témoignages lapidaires, contemporains des événements eux-mêmes, tiennent toujours le premier rang dans les sources de l'histoire et occupent une place beaucoup plus importante dans l'antiquité que dans les temps modernes. Une seule chose que nous regrettons, c'est de n'avoir pas trouvé en notes la traduction ou du moins la transcription en toutes lettres de ces inscriptions. Il faut être profondément versé dans les études épigraphiques pour comprendre à la première lecture une inscription, et le temps qu'on passe à la déchiffrer interrompt péniblement la suite des idées. Cette forme sévère d'érudition, qui était convenable dans un mémoire destiné à l'Académie des Belles-Lettres, aurait pu être modifiée dans un ouvrage qui s'adresse maintenant à tous les amis de la belle et bonne littérature, et qui, par le nom de l'auteur et le vif intérêt du sujet, doit trouver un grand nombre de lecteurs en dehors de l'érudition proprement dite.

Le trop riche arsenal des lois romaines, sous

Constantin et ses successeurs, a été fouillé, et
ses richesses ont été mises en œuvre avec beaucoup de netteté, en montrant les tergiversa-
tions du pouvoir dans ces lois contraires qui
se succédaient relativement aux deux religions.
De là tant d'erreurs diverses de la part des
historiens qui ont voulu tirer des conséquences
générales de quelque loi isolée.

Les ouvrages de tout genre de cette époque
ont été consultés; l'auteur a su découvrir dans
chacun le trait qui lui semblait destiné comme
renseignement; et les livres qui par leur nature paraîtraient le moins en rapport avec son
sujet sont quelquefois ceux dont il a su tirer
le plus de parti. Nous n'en prendrons pour
exemple que l'usage qu'il a fait des auteurs
appelés *régionaires*, dont les livres sont des
descriptions très-succinctes de Rome, dans le
genre de nos *indicateurs* ou *guides*. Ils énumè-
rent par régions, c'est-à-dire par quartiers,
tous les monuments qui existaient à Rome de
leur temps. M. Beugnot a judicieusement tiré
un argument solide de la nullité littéraire de ces
ouvrages. « Qui les régionaires auraient-ils pu
ou voulu tromper? Il ne s'agit ici ni d'un

poème ni d'une histoire, mais d'une simple topographie monumentale, écrite en style lapidaire et destinée sans doute à l'usage de ses
auteurs bien plus qu'à celui du public. » Or il
résulte des descriptions des deux régionaires,
Publius Victor et Sextus-Rufus, qu'il y avait à
Rome, sous Valentinien, cent cinquante-deux
temples et cent quatre-vingt-trois petites chapelles, consacrés aux différentes divinités du
paganisme ; et, d'après une autre description
du même genre, dont l'auteur est inconnu,
mais qui se rapporte au règne d'Honorius,
postérieurement à la prise de Rome par les
Goths, M. Beugnot conclut que « l'ancien culte
dominait encore extérieurement dans la capitale, dont l'aspect restait païen, en dépit des
progrès ou plutôt de la victoire du christianisme. »

Les ouvrages excellents, ceux qu'on a lus
avec le plus d'attention et d'intérêt, ne sont pas
ceux dont il est le plus facile de rendre compte.
L'idée même que l'on a de la perfection d'une
composition rend plus malaisée la tâche de la
faire bien connaître. Le livre est là, chargé de
marques, dont chacune était destinée à quelque

citation ; mais elles ont fini par devenir si nombreuses, que l'étendue du feuilleton n'aurait
pas suffi pour les transcrire les unes à la suite
des autres. Or ce ne sont pas de simples extraits, c'est notre jugement qu'on nous demande ; et pourtant il nous semble que chacune
de nos réflexions, substituée à une citation,
est un vol que nous faisons à nos lecteurs. Le
style de M. Beugnot est plein de gravité et d'é-
lévation : ses recherches abondent en détails
curieux, pittoresques, caractéristiques ; et, par
sa profonde connaissance du sujet, il nous introduit tout-à-fait dans la société romaine du
quatrième et du cinquième siècle.

Nous avons essayé d'expliquer la nature et
les éléments de cette œuvre, qui appartient tout
entière à son auteur, et qui doit être mise sur
une autre ligne que des histoires écrites en langues modernes, d'après les matériaux tout
prêts des historiens anciens. Telles sont les histoires de Rollin, de Crévier, de Le Beau, travaux sans doute justement estimés, mais qui
sont plutôt d'habiles rédactions que des compositions originales. Ici, au contraire, nous le
répétons, tout appartient à M. Beugnot. Il nous

reste à le suivre dans son plan et à offrir à nos lecteurs le résumé des principaux résultats historiques, acquis désormais à la science par ce beau travail.

Le plan est simple et naturel. Sur douze livres, neuf répondent aux règnes d'autant d'empereurs, qui sont Constantin, Constance, Julien, Jovien, Valentinien Ier, Gratien, Théodose, Honorius, Valentinien III. Entre le cinquième livre, qui est consacré au règne de Valentinien Ier, et le septième, à celui de Gratien, M. Beugnot a examiné l'état de l'ancien culte dans les provinces : c'est le sujet du sixième livre. Valentinien III, fils d'Honorius, est le dernier empereur dont le règne puisse encore former la matière d'une division dans l'histoire des derniers temps du polythéisme, qui s'écroule avec le colossal édifice de l'empire romain. Désormais, à quelques rares et courtes exceptions près, les empereurs d'Occident ne sont plus que des fantômes impuissants. Toutefois l'ancienne religion du vaste empire fit encore, sous Anthémius, un de ces faibles princes, un dernier effort, qui est le sujet du onzième livre. Dans le douzième, le paganisme, qui a cessé partout d'être un culte légal, est suivi par tous les lieux où se trouvent encore quelques restes particuliers de ses rites, jusqu'au septième siècle. Là l'auteur reconnaît qu'il est arrivé au bout de sa carrière, puisque, malgré tant d'idées païennes, qui certainement se sont perpétuées jusqu'à nous, quelques-unes même en s'introduisant dans des pratiques de notre religion, on trouve les traces du paganisme assez dénaturées, passé le septième siècle, pour établir que dès lors aucune divinité païenne ne fut plus invoquée nominativement en Occident. « Je m'applaudis donc, dit-il, de pouvoir terminer ici mes recherches, car je craindrais, si j'étais forcé de les prolonger, que le lecteur, en me suivant dans des investigations d'un ordre inférieur, n'oubliât que le paganisme avait autrefois appelé à sa défense de grandes idées et de nobles caractères. »

Tel est en effet le rôle élevé que remplissent dans la très-grande partie de cet ouvrage les derniers personnages païens. Lors de la conversion de Constantin, leur religion, bien que minée par la base, avait encore dans tout l'empire, surtout en Occident, l'existence la plus imposante, et recevait des hommages presque universels. M. Beugnot a réfuté par des faits incontestables les statistiques erronées des chrétiens de ce temps, qui, dans un intérêt bien facile à comprendre lorsqu'il s'agissait d'attirer à eux les chefs de l'empire, exagéraient avec excès le nombre de leurs frères. Dans cette Rome, qui devait jeter tant d'éclat comme métropole de la chrétienté, le christianisme, déjà si fort, tenait encore très-peu de place à l'extérieur, assez long-temps après Constantin, sous Valentinien Ier. C'est ce que démontre un de ces témoignages, indifférents en apparence et si judicieusement mis en œuvre par M. Beugnot.

« Un voyageur dont le nom nous est inconnu, parcourant l'empire romain vers l'année 374, décrit ainsi la situation religieuse de la capitale : « Il existe dans Rome sept vierges

» *ingenuæ* et *clarissimæ*, qui, pour le salut de

» la ville, accomplissent les cérémonies des

» dieux selon l'usage des anciens ; on les nomme

» vierges de Vesta. Les Romains honorent les

» dieux et particulièrement Jupiter, le Soleil

» et Cybèle. Nous savons de plus qu'il existe
» parmi eux des aruspices. »

« Ainsi, continue M. Beugnot, ce voyageur, arrivant à Rome au milieu de la plus grande crise religieuse dont il soit possible de se former une idée, semble ne pas s'apercevoir de l'existence du christianisme ; la présence des vierges de Vesta lui paraît une chose bien plus digne d'être mentionnée dans son journal que tout ce qu'avait fait et tout ce que faisait une religion nouvelle, dont la mission était de changer la face du monde. »

Il est vrai qu'il n'en était pas de même en Orient, où Constantin transporta la résidence impériale ; mais, dans tout l'empire, le polythéisme avait encore une prépondérance dont les preuves irrécusables, tirées des monuments les plus authentiques, sont opposées aux exagérations d'Eusèbe, qui feraient croire que cet ancien culte national fut définitivement aboli par Constantin.

La situation des deux religions à cette époque nous semble présentée sous un jour tout nouveau. Tandis que les chefs du christianisme exagèrent sans mesure leur nombre, ceux du parti païen leur répondent par une sorte de fanfaronnade, en feignant d'ignorer, en quelque sorte, l'existence du christianisme. Mais ce dernier, par la rapidité de ses progrès, n'eut bientôt plus besoin de recourir à une déception que les païens de Rome continuèrent jusqu'à la fin, voulant faire jusqu'au bout bonne contenance, continuant à observer tous leurs rites, et décernant, comme par le passé, les honneurs de l'apothéose aux empereurs chrétiens qui leur avaient porté les coups les plus violents.

M. Beugnot établit que le paganisme, au commencement du quatrième siècle, avait une existence purement factice; qu'il tirait ce qui lui restait de force de l'influence de l'habitude, et que la possession faisait toute sa puissance. « Constantin, en se convertissant, multiplia les périls qui pressaient le paganisme, mais il ne les fit pas naître; et, s'il ne s'était pas converti, aurait-il pu empêcher que les croyances helléniques et les rites nationaux eussent perdu leur empire sur les consciences, et fussent, par conséquent, destinés à une destruction plus ou moins prompte? » La démonstration de cette assertion si juste est donc la plus solide réfutation de l'étrange paradoxe de Jurieu : « Peut-on nier, dit ce ministre protestant, que le paganisme est tombé dans le monde par l'autorité des empereurs romains? On peut assurer sans témérité que le paganisme serait encore debout, et que les trois quarts de l'Europe seraient encore païens, si Constantin et ses successeurs n'avaient employé leur autorité à l'abolir. »

La réponse négative à cette espèce de défi de Jurieu ressort de tout le premier volume de l'ouvrage que nous examinons. Aussi l'auteur a-t-il été parfaitement en droit de dire : « L'assertion de Jurieu est, sous quelque aspect qu'on l'envisage, une hérésie historique très-condamnable. »

Constantin en se convertissant laissa au culte national sa supériorité politique. La numismatique offre le symbole parlant de ce système de concession dans le Labarum placé sur les monnaies de cet empereur entre les mains de la Victoire ailée des païens. M. Beugnot a fait surtout une étude approfondie du caractère politique de Constantin. Il a montré l'habileté

parfaite avec laquelle ce prince servait la cause
des chrétiens en ne faisant pour eux que ce
qu'il pouvait faire, et en facilitant ainsi à ses
successeurs un triomphe complet, qu'un imprudent prosélytisme aurait au contraire en-
travé.

Restait une grande question aux yeux de
l'histoire et de la morale : celle des motifs de
cette conversion fameuse. Il était sans doute
facile de la résoudre, en admettant avec Zozime, que Constantin espéra trouver dans l'ex-
piation du baptême un moyen d'apaiser ses
remords, après avoir fait étrangler son fils
Crispus, sa femme Fausta, Licinius, son col-
lègue, à qui il avait promis la vie, et le fils
même de ce Licinius, auquel il ne pouvait rien
reprocher. Malheureusement tous ces crimes
furent commis par Constantin chrétien; l'inflexible chronologie d'une époque parfaitement
connue ne permet pas de s'appuyer sur cette
assertion du seul Zozime, et M. Beugnot n'est
pas un écrivain à faire plier un fait. C'est donc
une entreprise hardie que celle de vouloir pénétrer dans les motifs d'une conversion suivie
de pareils forfaits. Quoique n'ayant rien à oppo-

ser aux savantes déductions de l'historien, nous éprouvons une défiance involontaire au sujet de la conviction sincère d'un pareil prince. Il nous répugne, malgré nous, d'admettre des préoccupations d'un ordre si épuré dans une ame tellement perverse. Il est vrai que les contradictions du cœur humain sont souvent bien inexplicables. Ici le pouvoir immense d'un empereur romain offre la grande difficulté de toute autre explication ; car on se demande quel intérêt le tout-puissant Constantin avait à se faire chrétien ; notre auteur prouve que tous ses intérêts politiques le portaient, au contraire, à rester païen. Mais, élevé par son père, Constance-Chlore, dans une espèce de déisme plus favorable au christianisme qu'à la religion nationale, Constantin, qui, avant sa conversion, avait souvent témoigné son mépris pour celle-ci, finit par la renier tout-à-fait. Aurait-il été mu par quelque ressentiment qui ne nous est pas connu ? Du reste, il ne fait pas de sa conversion, comme Clovis, une condition de la victoire ; mais la victoire semble venir le récompenser de chaque mesure qu'il prend en faveur des chrétiens. Peut-être y eut-il dans cette conversion quelque croyance dont un intérêt purement personnel fut la base.

Quoi qu'il en soit, une fois chrétien, entouré des hommages et des actions de grâces de toute l'Église, d'un autre côté, en butte à la haine des païens, il dut persévérer et se montrer le zélé et constant protecteur de ses nouveaux co-religionnaires. Mais nous avons dit que ce zèle fut toujours accompagné d'une modération pleine de prudence, qui lui donna la plus grande efficacité. Le tableau de la conduite politique de ce premier empereur chrétien est un morceau achevé ; il nous semble impossible d'envisager l'histoire avec plus de vérité.

« S'il était dans les destinées du christianisme de se répandre en dépit des obstacles, et enfin de conquérir le pouvoir, tout autorisait à penser que l'empereur serait le dernier entre les Romains à déserter les autels de la patrie. Le nouveau culte, en s'élevant graduellement dans la société, devait, après s'être emparé des classes inférieures, attaquer la classe moyenne, l'aristocratie des provinces, les familles sénatoriales, puis le sénat, puis enfin l'empereur, dernier et inutile défenseur des institutions nationales :

voilà comment les choses devaient naturellement se passer. La conversion de Constantin
renversa toutes les prévisions, changea l'ordre
des faits, et le christianisme se trouva dominer
au plus haut et au plus bas de la société, ayant
contre lui tout ce qui n'était pas prolétaire ou
empereur. »

La position de l'empereur était donc des plus
difficiles. « La conduite de ce prince, continue
le savant auteur, fut le produit de la nécessité,
et non celui d'une politique tortueuse. Comme
individu il était libre, comme empereur, esclave;
et son plus grand mérite, à mon avis, est d'a-
voir jugé sainement les embarras de cette situation. » Son zèle essayait bien de temps en
temps jusqu'où il pourrait aller, comme en
rendant sa loi pour interdire les sacrifices; mais
ces lois-là ne produisaient aucun effet, et il
n'insistait pas sur leur exécution.

Son fils Constance suivit absolument la même
marche. Les sympathies nationales n'étaient pas
encore pour lui; elles se trouvèrent au contraire
toutes disposées à accueillir les projets de
Julien.

Cet empereur est un de ceux qui ont le plus

occupé l'histoire. Ce règne de dix-huit mois a
eu autant de retentissement que les plus longs
règnes. M. Beugnot le juge avec les lumières
d'une science profonde et avec un esprit de justice
qui ne dévie jamais. Ici les documents pour et
contre abondent tellement qu'il est facile de
comparer sa méthode avec les autres, et d'y
reconnaître sa supériorité.

« La victoire du christianisme, comme il le
remarque, a rendu Julien plus odieux aux chrétiens et plus cher aux incrédules qu'il ne le
mérite. » En reconnaissant les grandes qualités
de ce prince, dont la carrière fut courte, la
beauté de son génie, son éloquence, l'austérité
de ses mœurs, sa valeur éclatante, il nous
montre dans son attachement au polythéisme
une dévotion qui allait jusqu'à la superstition.
Les auteurs païens contemporains en ont tous
fait la remarque. Un païen aussi ardent, et portant à ce point le zèle pour ses dieux, avait
bien vite dépassé les tièdes sympathies de son
temps; et pourtant cette ferveur aurait été nécessaire pour lutter avec égalité contre le christianisme. Julien, si ouvertement prononcé en
faveur de la religion de l'état et chef d'un em-

pire dont toute l'organisation était encore
païenne, fut pourtant obligé de suivre la même
ligne politique que Constantin, par l'application inverse du même principe, et de protéger
la liberté des cultes. La force morale des chrétiens et la puissance de fait des païens établis-
saient alors une sorte d'égalité que la politique
des empereurs ne pouvait méconnaître. Il est
prouvé que Julien a suivi cette ligne. « Je ne
» veux pas souffrir, disait-il, qu'aucun Galiléen
» soit forcé de faire quelque chose de contraire
» à sa façon de penser. » Puis nous le voyons
attaquer, comme écrivain, par l'injure et le sarcasme, ces chrétiens qu'il protégeait comme
empereur. « Le christianisme, dit M. Beugnot,
pouvait encore être combattu, mais non plus
persécuté. »

Julien paraît ici dégagé de toutes les couleurs
exagérées dont l'esprit de parti a diversement
altéré sa figure. Aux défauts et aux qualités
qu'on vient d'y signaler, se joint un trait qui
tient une grande place dans cet homme tout-à-
fait singulier, c'est son goût pour la déclama-
tion et les rhéteurs. Sa dévotion est inséparable
de l'amour des traditions helléniques; pour

lui, la première ville du monde est Athènes;
et la seule circonstance où il ait abusé de son
pouvoir contre les chrétiens fut lorsqu'il rendit en 362 la loi qui leur interdisait d'enseigner
la rhétorique. C'était à ses yeux une profanation par trop intolérable.

M. Beugnot a réfuté solidement l'expression
de M. de Châteaubriand, qui avait appelé Julien, le Luther païen. Malgré l'autorité d'un si
grand écrivain, il faut le dire, ce titre ne convient nullement à Julien. « Personne n'est moins
que lui porté vers l'éclectisme. » Il aime d'un
même amour toutes les anciennes croyances
helléniques, et l'on ne peut d'ailleurs « lui prêter des projets de réforme que la nature de sa
religion et celle des temps ne comportaient
pas. »

Pour que cette religion pût comporter une
réforme, il lui aurait fallu une profession de foi
généralement admise comme type primitif.
Mais rien de tel n'exista dans le polythéisme,
tant qu'il fut dans sa période florissante; et
c'est tout-à-fait à la fin, après Julien, que la dé-
tresse engagea les païens à essayer de formuler
régulièrement leurs croyances. Cet acte impor-

tant est le célèbre discours appelé *Relation* de Symmaque, que ce noble sénateur, préfet de Rome, prononça l'an 382, en présence de Valentinien II, pour le rétablissement de l'autel de la Victoire dans la salle du sénat. Saint Ambroise, comme on sait, répondit à Symmaque. Les pièces de ce grand procès nous sont parvenues intactes ; mais la relation de Symmaque, traduite en partie par M. Villemain, n'avait pas encore été reproduite entièrement dans notre langue. C'était une bonne fortune pour l'historien de la destruction du paganisme en Occident, de faire connaître, le premier, d'une manière complète, ce document si important. M. Beugnot n'hésite pas à le mettre au-dessus de la réponse de saint Ambroise, qui se fia moins, en cette circonstance, à son éloquence chrétienne qu'à son crédit en cour et à la parfaite connaissance qu'il avait du terrain glissant de la faveur.

Nous voici à une époque où la prospérité corrompt les chrétiens. Gratien, en refusant la robe pontificale, jusque là revêtue par ses prédécesseurs, détrôna le paganisme et abolit, par le fait, le souverain pontificat. Car M. Beugnot a réfuté l'assertion des historiens qui l'ont précédé, et tout récemment de M. Orelli, qui tendait à établir qu'après Valentinien Ier plusieurs grands personnages de Rome furent revêtus de cette dignité suprême du sacerdoce.

Le découragement s'empare des soutiens du polythéisme. L'historien Zozime, un des plus ardents, a fourni à notre auteur un tableau frappant de la situation respective des deux cultes sous le règne de Théodose, par le récit d'une action de Séréna, femme de Stilicon.

« Séréna voulut visiter le temple de la mère
» des dieux. Elle remarqua le collier qui déco-
» rait la statue de Rhéa, ornement digne de ce
» culte divin ; elle le prit et le mit à son cou.
» Une vieille femme, débris des vierges de Vesta,
» lui reprocha en face son impiété, et se ré-
» pandit même en invectives si violentes, que
» Séréna donna, aux personnes qui l'accompa-
» gnaient, l'ordre de la chasser. Alors la vieille,
» en descendant les degrés du temple, supplia
» les dieux de faire peser le châtiment de cette
» profanation sur Séréna, sur son mari et sur
» ses enfants. Séréna tint peu de compte de ces
» imprécations, et sortit parée du collier de

» Rhéa. Depuis ce jour elle vit souvent, soit
» qu'elle dormît, soit qu'elle fût éveillée, un
» spectre qui lui annonçait sa mort prochaine :
» d'autres personnes eurent de semblables vi-
» sions. La vengeance, persécutrice des impies,
» remplit si bien son office, que plus tard Sé-
» réna, apprenant le danger qui la menaçait,
» ne chercha point à l'éviter, et qu'elle tendit,
» aux cordes des bourreaux, ce cou naguère
» orné du collier de la déesse. »

« Rien ne fait mieux connaître, ajoute
M. Beugnot, la disposition des esprits à la fin
du règne de Théodose que le récit de Zozime.
Ces chrétiens qui, conduits par la nièce de
l'empereur, viennent dans un temple païen
pour voir ce que c'était qu'un temple, pour
tourner en ridicule les objets sacrés, et même
pour s'emparer de ceux qui étaient à leur con-
venance ; la vieille vestale qui, après la disper-
sion de son ordre, promène dans les temples
ses regrets et sa tristesse, et qui, indignée des
profanations dont elle est témoin, prend, avec
témérité, la défense de ses dieux, ces personnages, dis-je, montrent, avec une singulière
vérité, comment le christianisme triomphait et

comment le paganisme subissait sa défaite. »

Nous ne devons pas négliger d'indiquer l'étude aussi intéressante qu'approfondie des caractères de Prétextat et de Symmaque, les deux derniers hommes qui aient jeté du lustre sur le paganisme, dont ils conservèrent imperturbablement le culte à Rome, malgré tant de déboires.

Dans le sixième chapitre de son neuvième livre, intitulé *Tableau de la société païenne à l'époque où Rome fut prise par les Goths*, l'auteur nous introduit dans la vie privée des patriciens païens. Ils formaient la partie *stationnaire* de la société; toute l'énergie d'action se trouvait du côté des chrétiens. « Du fond de son cloître de Bethléem, Jérôme s'appliquait à disjoindre les liens qui unissaient en un faisceau les membres de ce patriciat dévoué si aveuglément à l'ancien culte. » La tolérance habile de ce grand personnage, en autorisant les mariages entre païens et chrétiennes, introduisait dans les familles, par la douce influence des femmes, un prosélytisme auquel savait peu résister l'indifférence ou la tiédeur païenne. M. Beugnot a tracé, d'après saint Jérôme, une description

pleine de grâce de l'espèce de sainte conspira-
tion ourdie en famille contre la conscience du
pontife Albinus, et où tous les sentiments les
plus doux de la nature, les caresses des petits
enfants, les témoignages de la tendresse filiale
la plus respectueuse, sont appelés comme auxiliaires pour conquérir à la religion du Christ le
vieux prêtre des idoles.

Mais l'événement le plus désastreux vient
bientôt épargner au zèle des pères de l'église
ces efforts contre l'influence de l'aristocratie
romaine; c'est la prise de Rome par les Goths.
Saint Jérôme et saint Augustin tracent le plus
triste tableau de ces nobles patriciens romains
réfugiés en Afrique et réduits à une misère aussi
grande que l'avait été leur fortune. Ce coup
fut décisif. « L'invasion des Barbares, en dé-
truisant la civilisation romaine, donna naissance
à une nouvelle société dont la première base
fut le christianisme. » Aussi les païens lui re-
prochaient de puiser ses succès dans les malheurs de la patrie. L'état de l'Italie est alors
tellement misérable que « la loi du 6 juin 413
ordonne de rendre les terres ravagées par les
Barbares à leurs anciens propriétaires, *si on*

peut les trouver, ou bien à leurs héritiers ; s'il ne se présente personne, on donnera les terres aux voisins ou à ceux qui les demanderont. »

C'est à l'année 408 que M. Beugnot a fixé l'époque de la destruction ou de la conversion en églises des temples païens de l'Occident, au lieu de l'année 331 que l'on assignait ordinairement à cette mesure définitive. Une aussi grande différence suffirait seule pour prouver l'importance historique de ce travail.

Nous avons dit que le culte païen, partout aboli par les lois au commencement du cinquième siècle, subsista encore deux siècles dans les campagnes, où le Christ fut long-temps appelé le *dieu des villes*. L'historien de saint Romain apprend même que Vénus était adorée nominativement dans un faubourg de Rouen, au commencement du septième siècle. Long-temps encore les conciles s'appliquent à combattre les restes de la superstition païenne ; long-temps encore on peut citer des chrétiens à qui leur zèle à détruire les idoles des campagnes valut la palme du martyre. Saint Martin avait été le type d'un zèle fougueux dont saint Augustin s'efforça d'arrêter le torrent destructeur en conseillant d'appliquer au nouveau culte les monuments de l'ancien, au lieu de les détruire. Malheureusement l'enthousiasme peu éclairé des moines écouta bien plus l'évêque de Tours que celui d'Hippone.

De toutes les divinités du polythéisme, celle dont le culte se montra le plus vivace fut Diane; mais son culte, comme véritablement déesse du paganisme, s'arrête aussi au septième siècle. La Diane mystérieuse qui était invoquée comme une puissance magique, sous le règne des premiers successeurs de Charlemagne et jusqu'au quatorzième siècle, prend son origine dans les religions du Nord, ainsi que le démontre M. Beugnot, et n'emprunte au polythéisme romain que son nom. C'est cette homonymie qui l'a fait appeler *déesse des païens* dans plusieurs actes publics, tels que ce capitulaire de Louis-le-Débonnaire de l'an 867 : « Il ne faut pas oublier que certaines femmes scélérates retournant vers Satan, et, séduites par les illusions et les fantômes des démons, croient et disent que, montées sur des animaux et en société de Diane, déesse des païens, et d'une innombrable multitude de femmes, elles parcourent pendant

le silence d'une nuit tranquille des espaces immenses. »

Les vestiges du paganisme dans le septième
siècle devaient attirer l'attention de l'historien
chargé de constater les derniers signes de vie
de cette religion; mais c'est dans le milieu du
cinquième siècle, qu'elle se dissout de tous côtés,
par la désertion générale qu'y amène une dernière cause : l'établissement du culte de la
Vierge.

Ainsi les quatre grandes époques de la destruction du paganisme en Occident sont : la
conversion de Constantin en 323, le refus fait
par Gratien de la robe pontificale en 382, les
temples païens détruits ou appliqués au culte
chrétien en 408, l'établissement du culte de la
Vierge en 431.

« Après le concile d'Éphèse, les églises d'O-
rient et d'Occident offrirent à l'adoration des
fidèles la vierge Marie, sortie victorieuse d'une
attaque violente; les peuples furent comme
éblouis par l'image de cette mère divine, réunissant dans sa personne les deux sentiments
les plus doux de la nature, la pudeur de la
vierge et l'amour de la mère, emblème de dou-

ceur, de résignation et de tout ce que la vertu présente de sublime ; qui pleure avec les malheureux, intercède pour les coupables, et ne se montre jamais que comme la messagère du pardon ou du bon secours. Ils accueillirent ce culte nouveau avec un enthousiasme quelquefois trop grand, puisque, pour beaucoup de chrétiens, ce culte devint le christianisme tout entier. Les païens n'essayèrent pas même de défendre leurs autels contre les progrès du culte de la mère de Dieu ; ils ouvrirent à Marie les temples qu'ils avaient tenus fermés à Jésus-Christ, et s'avouèrent vaincus. »

INVASIONS
DES SARRAZINS EN FRANCE,

ET

DE FRANCE EN SAVOIE, EN PIÉMONT ET DANS LA SUISSE,

PENDANT LES HUITIÈME, NEUVIÈME ET DIXIÈME SIÈCLES DE NOTRE ÈRE,

D'APRÈS LES AUTEURS CHRÉTIENS ET MAHOMÉTANS;

Par M. REINAUD,

Membre de l'Institut, Conservateur-Adjoint des manuscrits orientaux de la Bibliothèque
royale.

———⊕———

Tant de talents supérieurs, qui sont sortis de l'école de M. Sylvestre de Sacy, suffiraient pour prouver le mérite transcendant de cet illustre doyen des études orientales, à qui pourrait ne pas connaître les titres si variés de son immense érudition. Ces disciples, dignes d'un tel maître, dont les sages conseils ne les abandonnent pas au terme de l'enseignement, se trouvant dirigés par cette haute influence dans leur savante carrière, ont porté la lumière de leurs investigations sur les différents points du monde oriental. M. Reinaud, qui avait pris rang dans la science par la *Description des monuments musulmans du cabinet de M. le duc de Blacas*, suivit une marche naturelle en joignant à l'étude de l'archéologie celle de l'histoire ; et il acquit un premier titre historique en publiant les *Extraits des historiens arabes relatifs aux guerres des Croisades*, ouvrage qui fait partie de la collection de M. Michaud. Restait un autre sujet offrant l'occasion unique de remplir une lacune réelle dans l'histoire de France, avec le secours de l'érudition orientale. Mais cette lacune n'était pas évidente ; elle n'était pas *généralement sentie*, et si nous n'accordons à M. Reinaud cet éloge banal de prospectus, c'est qu'il en mérite un plus singulier. C'est que son sujet était presque la statue renfermée dans le bloc de marbre ; et ici le ciseau du statuaire est représenté par une érudition qui, comparant les sources orientales à tous les travaux des bénédictins et des autres savants du dix-septième siècle, aux traditions et aux monuments de tous genres, a ainsi établi un contrôle d'où est sortie l'évidence de cette lacune historique. La réunion de ces connaissances était nécessaire pour constater ce vide, à plus forte raison pour le remplir convenablement. Il fallait même ici, indépendamment des qualités qu'on s'accorde à demander à l'historien, beaucoup d'art et d'habileté pour disposer un sujet si varié dans ses éléments.

Tout le monde sait que les Sarrazins occupèrent pendant des siècles une grande partie de l'Espagne. Leur terrible invasion en France, à la fin de la première race, et la mémorable victoire que remporta sur eux Charles-Martel sont des faits éclatants placés au premier rang de l'histoire. Quant aux traditions qu'ont laissées les excursions diverses dans le midi de la France, elles n'avaient sans doute pas attendu à ce jour pour être considérées comme significatives; mais il régnait sur cette dernière question une incertitude qui faisait de ces faibles traces plutôt une source d'erreur et de confusion, que de lumières et de vérité. Jusqu'où les Sarrazins avaient-ils étendu leurs excursions? A combien de reprises les avaient-ils répétées, et sur quels points de la France? A quelles

époques avaient-elles commencé, avaient-elles
fini? et quel en avait été le caractère? Quels
rapprochements pouvait-on établir entre ces
pays soumis à un joug passager et l'Espagne
sous la puissante domination des émirs de Cordoue? toutes questions auxquelles personne
n'aurait pu répondre avant l'ouvrage de
M. Reinaud, et dont ce beau travail offre une
solution aussi complète qu'instructive et intéressante.

Ce côté de l'histoire avait un tel besoin d'être
éclairci, que même les documents imprimés
étaient comme non avenus; et quelques-uns de
leurs éditeurs, tels que Muratori, n'en avaient
pas tenu compte lorsqu'ils avaient ensuite disposé leurs autres matériaux en annales suivies. Plusieurs fausses dénominations rendaient
souvent difficile de reconnaître les Sarrazins
dans les anciens textes où il était fait mention
de ces peuples. Ou bien leur nom s'étendait
à des nations très-différentes; ou bien encore, quoique mahométans, ils étaient qualifiés de païens, sans autre désignation, soit à
cause de l'erreur populaire répandue alors, qui
supposait qu'ils avaient pour dieu Mahomet,

soit parce que dans les rangs de ces conquérants orientaux, arrivés par l'Afrique, il se trouvait des hommes de tribus africaines encore plongées dans les ténèbres de l'idolâtrie. Une connaissance profonde de l'arabe était nécessaire pour retrouver les noms d'hommes ou de lieux, cachés sous les altérations que le peuple fait ordinairement subir aux noms d'origine étrangère. Quantité de relations arabes, la plupart manuscrites, n'étaient pas moins nécessaires à compulser pour éclaircir de courts passages qu'offraient par-ci par-là les écrivains occidentaux ; documents perdus pour qui n'aurait pas apporté à les recueillir le discernement de cette heureuse polymathie. Enfin il fallait avoir étudié à fond et même sur les lieux le théâtre des invasions sarrazines, pour que la géographie, avec ses dénominations traditionnelles et avec l'aspect des grands accidents du sol qui n'ont pas changé, vînt appliquer d'une manière sûre et précise les descriptions de localités, fournies par des auteurs contemporains. M. Reinaud a encore employé ce secours avec un rare bonheur, ou plutôt là encore il a retiré le fruit de ses consciencieuses recherches.

Sa première partie contient les faits qui étaient déjà le mieux connus. Elle suit les Sarrazins depuis leur premier débarquement en Espagne, sous la conduite de Moussa, en 710, jusqu'à leur expulsion de Narbonne, en 759. La religion de Mahomet, alors dans le plus haut période de l'enthousiasme, devenait le mobile d'expéditions tellement gigantesques, que les Musulmans menaçaient de ne faire de la mer Méditerranée qu'un grand lac, qui aurait servi de voie de communication aux diverses parties de cet immense empire. C'eût été la répétition de l'empire romain ; mais il ne s'était pas formé si vite, et l'impétuosité sarrazine ôtait les chances de réussite à ce grandiose et ambitieux projet. Toutefois, de vastes royaumes dans les trois parties du monde alors connues passèrent, en moins d'un siècle, sous la domination des lieutenants du khalife de Damas. L'Espagne entière y succomba ; et si l'armée des Francs, commandée par Charles-Martel, n'eût exterminé, en 732, l'armée sarrazine « comme li martiaus débrise et froisse le fer et » l'acier et tous les aultres métaulx », suivant l'expression de la Chronique de Saint-Denis, la France, l'Europe entière, auraient subi le joug de l'Alcoran.

Les événements dont les Sarrazins sont les puissants acteurs en Occident pendant cette première moitié du huitième siècle sont donc d'une trop haute importance pour n'avoir pas attiré toute l'attention de l'histoire. Malgré l'extermination de l'armée d'Abd-Alrahman à Poitiers, où ce prince périt les armes à la main, la puissance des émirs de Cordoue, ses successeurs, dont plusieurs portent le même nom, s'établit avec une telle solidité en Espagne, que Charlemagne, dont la victoire suivait les armes, n'eut pas les mêmes succès contre les Maures d'Espagne que contre ses autres ennemis.

Pourtant, dès le commencement de la seconde race, les notions sur nos rapports avec les Sarrazins deviennent incohérentes et confuses, quoique le midi de la France soit plus exposé que jamais à leurs excursions continuelles; car à ceux qui venaient de l'Espagne se joignaient alors les hardis aventuriers que la mer débarquait sur les côtes de Provence. Mahomet avait blâmé, dans l'Alcoran, les entreprises maritimes d'une manière assez formelle pour que plusieurs docteurs de la loi n'eussent pas craint de rendre cette décision : « Dès l'instant qu'un homme s'est plusieurs fois mis en mer, il peut être considéré comme étant privé de son bon sens, et comme n'étant plus recevable à faire admettre son témoignage en justice. » Mais les casuistes musulmans alléguèrent une tradition qui prêtait au prophète l'approbation des mêmes entreprises, sans s'embarrasser s'ils mettaient l'envoyé de Dieu en contradiction avec lui-même. Cette tradition flattait l'élan de l'époque; elle fut reçue avec enthousiasme. L'émir de l'eau, *émir-alma* (dont nous avons fait *amiral*) devint un des chefs les plus considérables des troupes musulmanes. M. Reinaud a rassemblé sur cette passion subite des pieux mahométans pour la marine une quantité de faits d'un haut intérêt pour la philosophie de l'histoire ; en nous montrant quelles ressources les successeurs de Mahomet surent tirer, selon les occurrences, de l'arme puissante que leur avait léguée le prophète.

« On rapportait qu'en 716, lorsque la grande flotte qui alla assiéger Constantinople partit d'Alexandrie, un des fils du khalife Omar, qui se trouvait alors dans le port, demanda à l'amiral ce qu'il pensait des péchés dont la plupart des hommes de l'équipage devaient avoir l'ame chargée; l'amiral ayant répondu qu'à l'exemple de chacun de nous ils devaient avoir leurs péchés pendus au cou : « Non pas pour » ces hommes-ci, s'écria le fils d'Omar; j'en » jure par celui qui tient mon ame dans ses » mains, ils ont laissé leurs péchés sur le ri- » vage. »

L'intolérance envers les chrétiens régnait alors à la cour des émirs ou khalifes de Cordoue, comme plus tard elle régna à celle des rois chrétiens d'Espagne envers tout ce qui n'était pas catholique. L'inquisition musulmane avait tellement multiplié les circonstances qui mettaient un chrétien dans la nécessité d'opter entre l'islamisme ou la mort, qu'un chrétien tant soit peu suspect était facilement amené à cette terrible extrémité. Le martyre de saint Parfait et la solennité dont il fut entouré offrent le pendant exact des *autos-da-fé* du quatorzième siècle. Nous attribuons, en général, à la religion musulmane un grand caractère de tolérance, parce que nous la jugeons d'après les mœurs des Turcs; mais en allant l'étudier à d'autres époques et chez d'autres nations, nous verrons comme des observations incomplètes nous font porter de faux jugements.

C'est ainsi que les chrétiens, dont la mansuétude et la résignation pacifique sont accusées, lors du démembrement de l'empire romain, d'avoir ainsi favorisé l'invasion générale des barbares, montrent ici, dans cette lutte à la fois religieuse et nationale, une énergie dont le livre de M. Reinaud offre des exemples remarquables. L'ambassade du moine Jean, en 956, auprès d'Abd-Alrahman, khalife de Cordoue, est un des épisodes dont les traits saillants reflètent le mieux une époque; et, comme pour rendre encore plus curieuse cette vive peinture, la relation de cette ambassade nous est parvenue dans un manuscrit de la main du moine Jean lui-même; enfin, pour plus de singularité, ce manuscrit unique se trouve interrompu tout court au moment le plus dramatique.

Pour les Sarrazins, partout où l'on trouve ces peuples pittoresques, on aperçoit dans les mœurs de leurs hommes d'élite quelque chose de la poésie de l'Orient. Le terrible Almansor se faisait toujours accompagner de la caisse où il devait être enterré. « A l'issue de chaque bataille, il secouait sur la caisse la poussière dont ses habits étaient encore couverts, et il espérait faire de cette poussière une couche de terre avec laquelle il serait élevé tout droit au paradis. » Qu'y a-t-il de plus poétique que la mort du même prince, à la suite de sa dernière bataille? « L'action fut terrible et dura tout le jour, le sang coulait par torrents, et aucun parti ne voulait céder; mais les chrétiens, bardés de fer, eux et leurs chevaux, se garantissaient plus facilement. La nuit étant venue, Almansor, qui avait reçu plusieurs blessures, se retira dans sa tente pour recommencer le combat le lendemain. Il attendit quelque temps ses émirs et ses généraux pour concerter avec eux un nouveau plan d'attaque. Ne les voyant pas arriver, il demanda la cause de ce retard; on lui répondit que les émirs et les généraux étaient restés parmi les morts. Alors se reconnaissant vaincu, et ne pouvant survivre à sa défaite, il refusa toute assistance, et mourut au bout de quelques jours. On l'ensevelit avec les habits qu'il portait le jour du combat ; on l'enterra dans la caisse qu'il avait destinée à cet usage. »

Ces détails sont pris de la troisième partie, celle où l'auteur a conquis le plus de faits à l'histoire, en suivant l'invasion sarrazine à travers le Dauphiné jusqu'aux limites de l'Allemagne. Il constate, de la manière la plus claire et la plus précise, leur établissement au château de Fraxinet, sur les hauteurs des Alpes qui dominent le golfe de Saint-Tropez, et d'où ils pouvaient aisément communiquer avec l'Espagne par la Provence et les Pyrénées, avec la Suisse par le Dauphiné, avec l'Afrique par la mer. Il lève tous les doutes sur l'occupation de Grenoble, qui resta plus de vingt ans au pouvoir des Sarrazins, chassés du diocèse en 965. Leur établissement sur le grand Saint-Bernard, qui ne prit ce nom que lorsqu'ils y furent remplacés, vers la même époque, par saint Bernard de Menthone, est un autre fait important également bien constaté.

Hugues, comte de Provence, avec le secours d'une flotte grecque que lui avait accordée l'empereur Constantin Porphyrogénète, son beau-frère, avait pénétré en vainqueur dans le golfe de Saint-Tropez, et avait chassé les Sarrazins de leur château de Fraxinet en 942. Mais il quitta tout-à-coup ce pays, au milieu de son triomphe, pour courir après la couronne d'Italie, que Béranger laissait vacante.

Les Sarrazins, devenus plus forts qu'auparavant, commencèrent même à changer leur existence de brigands campés sur le qui-vive, en une existence bien assise, qui se consolida chaque jour davantage ; et il ne fallut pas moins que l'éloquence de saint Mayeul, la haute influence de sa réputation de piété, et la persévérance énergique de Guillaume, comte de Provence, pour les chasser définitivement de ce pays, vers lequel on comprendra leur attrait d'après cette sentence des auteurs musulmans : « Les Français étant exclus d'avance du paradis, Dieu a voulu les dédommager en ce monde par le don de pays riches et fertiles, où le figuier, le châtaignier, le pistachier étalent leurs fruits savoureux. »

Dans une quatrième partie, consacrée au caractère général des invasions sarrazines et aux conséquences qui en furent la suite,

M. Reinaud a répandu la richesse de son érudition sur la peinture des mœurs de ces peuples et sur les modifications qu'avaient éprouvées par leur contact celles de nos ancêtres. Là se trouve discutée l'origine des mots *Sarrazins, Maures, Berbers*, noms sous lesquels ces peuples furent désignés ; là, sont exposées avec toute l'impartialité d'une critique juste et éclairée, à côté du mal qu'ils ont fait, les traces laissées par les musulmans d'Espagne dans les parties de la France qu'ils occupèrent. Avec la connaissance de l'arabe se répandait quelque teinture des sciences dont cette langue était alors la principale expression. Le chêne-liége , le blé noir, encore si cultivé dans notre midi sous le nom de *sarrazin*, leur durent l'importation parmi nous, et nos races de chevaux une grande amélioration. Mais les mœurs ne s'adoucirent pas par ce contact ; au contraire, un système de représailles, appuyé sur la différence de religion, parut autoriser les Français à réduire les Maures qu'ils faisaient prisonniers au même état d'esclavage où ceux-ci réduisaient les chrétiens tombés en leur pouvoir ; et comme en embrassant le christianisme ces prisonniers musulmans devenaient libres, « on vit des chrétiens inhumains, dit M. Reinaud, pour n'être pas frustrés d'un vil avantage, gêner leurs serfs dans les efforts qu'ils faisaient pour être admis au sein du christianisme ; on les vit même, après que leurs serfs étaient baptisés, les retenir malgré les lois sous le joug et user des plus cruelles violences. Il existe une lettre foudroyante du pape Clément IV, adressée, en 1266, à Thibaud, roi de Navarre, dans laquelle le souverain pontife s'élève contre un abbé du monastère de Saint-Benoît de Mirande, lequel avait fait mettre à la torture un riche Sarrazin converti, sous prétexte que sa conversion n'était pas sincère, et qui s'était emparé des biens de cet infortuné au détriment de ses enfants. »

Les préventions haineuses contre les juifs les firent accuser aussi de complicité avec les Sarrazins. De là, l'usage, qui s'était conservé à Toulouse, de souffleter un juif de cette ville, tous les ans, aux trois principales fêtes de l'année, en mémoire de la trahison des juifs qui auraient livré Toulouse aux Sarrazins, du temps de Charlemagne.

« L'usage du soufflet, dit M. Reinaud, n'est

que trop certain. Mais il n'en est pas de même de la trahison des juifs; car les Sarrazins, comme on l'a vu, ne sont jamais entrés dans Toulouse; peut-être a-t-on voulu parler de l'occupation de la capitale du Languedoc par les Normands, en 850, occupation à laquelle il serait possible que les juifs eussent contribué, comme ils avaient contribué, quelques années auparavant, à l'entrée des mêmes barbares dans la ville de Bordeaux. »

Ceci nous mène à une dernière observation : c'est que les grands souvenirs laissés par les Sarrazins firent que le peuple leur donna un rôle dans tous les événements dont il fut vivement frappé. Ainsi leur furent attribués les monuments de la grandeur romaine. Ainsi le peuple, dans le midi de la France, appelle encore *tuiles sarrazines* ces larges tuiles si connues des antiquaires comme indices de constructions des Romains. Ainsi furent imaginés, dans mille récits romanesques, des chevaliers sarrazins pour rehausser la gloire des plus fameux héros, avec lesquels on les fit lutter de courtoisie et de bravoure. Ainsi fut exagéré, amplifié, popularisé, surtout par les romans

de chevalerie du moyen-âge, ce nom de sarrazin, qu'on finit par appliquer à tout ce qui n'é-
tait pas chrétien, et de la sorte à toute l'antiquité païenne antérieure au christianisme. Voilà
comme Guillaume de Nangis, voulant traiter
l'histoire de France tout entière, depuis les
temps les plus reculés de la Gaule jusqu'à son
époque, exprime son plan par ce titre : *Cy commencent les chroniques de tous les roys de France
chrétiens et sarrazins.*

HISTOIRE DES ANGLO-SAXONS,

Par Sir Francis PALGRAVE,

Traduite de l'anglais par Alexandre LICQUET.

Avant d'ouvrir ce livre, sur son titre seul, on ne croirait pas l'histoire des Anglo-Saxons susceptible de tant d'intérêt. Il faut, en général, pour fouiller avec plaisir dans les annales obscures des peuples barbares, être soutenu par la perspective d'y retrouver les origines et le berceau de son pays. Or cette période de l'histoire d'Angleterre est justement celle qui est antérieure au mélange de la race française et aux continuels rapports des deux peuples. Il semble donc qu'un tel livre ne s'adresse guère qu'aux seuls Anglais ou aux savants qui, ayant porté toutes leurs investigations sur l'histoire, ne sont indifférents à aucune de ses clartés. Mais la manière dont sir Francis Palgrave a traité ce sujet fait de l'histoire des Anglo-Saxons une lecture non moins attrayante qu'instructive.

Ce savant archiviste du trésor royal de l'Échiquier exprime dans son introduction et rappelle quelquefois, dans le cours de l'ouvrage, l'intention d'écrire pour la jeunesse. Bien différent de tant d'auteurs, qui revêtent de formes pédantesques leurs pâles trivialités, et qui s'étudient uniquement à masquer leur médiocrité par les dehors hautains d'une érudition transcendante et inaccessible, il annonce, au contraire, comme un simple livre d'éducation ce travail qu'un homme de science a pu seul composer, et dont aucun homme de science ne dédaignera la lecture. On s'étonne un instant de cette sorte de coquetterie littéraire, qui, *pour donner beaucoup, ne nous promet que peu.* N'est-ce autre chose qu'un calcul d'amour-propre bien entendu? ou l'auteur a-t-il voulu offrir une de ces heureuses solutions du problème d'un livre intéressant pour tous, quels que soient l'âge et la position de chacun? Je ne sais; mais d'une manière ou de l'autre, il a également réussi. Son plan a l'avantage de donner lieu à plusieurs développements dans lesquels il n'aurait pas voulu entrer, s'il eût monté son ton à celui de ces orgueilleuses dissertations qui veulent, bon gré mal gré, faire avancer la science, au risque de l'exposer à des faux-pas. Dans ces endroits-là, M. Palgrave a recours à ses jeunes lecteurs avec une fine modestie ; car ce sont précisément les morceaux les plus attachants, par le grand sens avec lequel il développe en toute liberté ses vues sur d'importantes questions. Les notions mêmes qui, dans ces exposés, pourraient être les plus familières aux savants, n'ont ici rien de banal, par la manière dont elles sont présentées, par les remarques ingénieuses qui les accompagnent. Nous en pourrions citer de nombreux exemples; bornons-nous à deux ou trois. S'agit-il de cette antériorité de la poésie sur la prose qu'on remarque dans l'enfance de tous les peuples : « La poésie, dit-il, qui pour nous est le luxe de la littérature, était dans ce temps-là d'un usage vulgaire. » — Un peu plus loin : « Les vers, chez les nations du Nord, étaient souvent composés sur-le-champ, à la manière des improvisateurs d'Italie, soit au son d'un instrument, ou seulement en chantant. On en écrivit quelques-uns ; mais il y en eut beaucoup plus qui furent confiés à la mémoire, ou, comme on dit ordinairement, appris *par cœur; par cœur*, attendu qu'on les aimait, qu'ils étaient en rapport avec les sentiments des auditeurs, et que c'était en effet dans le cœur qu'ils pénétraient ; et, je ne crains pas de le dire, si les vers ne sont pas appris *par cœur*, tous les écrivains et tous les imprimeurs du monde ne pourront les sauver de l'oubli. »

Quelquefois d'une notion vulgaire l'esprit vif de l'historien observateur fait jaillir un rapprochement inattendu dont la justesse surprend agréablement : « Quand les rois ou les grands voulaient donner de l'authenticité à quelque document, ils traçaient le *signe* de la croix près de l'endroit où le clerc avait écrit leur nom. De là encore nous disons *signer* un acte ou une lettre. Les personnes illettrées apposent encore leur signe ou marque de la même manière, précisément comme le faisait le roi Offa, en tirant ainsi deux lignes en croix +, du côté où le clerc de l'homme de loi a inscrit leurs noms et prénoms. On a vu quelquefois d'anciens palais

en ruines se dégrader jusqu'à devenir des chau-
mières : il en est de même des vieux usages ;
ils s'abaissent de plus en plus, pendant que les
mœurs et les idées s'élèvent autour d'eux , et
l'on finit par ne plus les retrouver que parmi
les classes les plus humbles de la société. »

A ces exemples nous pourrions aisément en
joindre d'autres de l'emploi intelligent que l'auteur fait des traditions et des monuments de
son pays, en montrant tout autour d'eux à ses
concitoyens les souvenirs vivants de leurs antiques origines. La science de l'étymologie lui
prête aussi ses secours ; mais il a le bon esprit
d'en user avec sobriété ; car peu d'études offrent
davantage le danger d'arriver promptement à
l'abus. Or, M. Palgrave connaît trop bien les
travers de l'érudition pour s'y fourvoyer. Une
des meilleures critiques des divagations archéologiques est son passage sur les runes. Là il
avait à s'expliquer sur le degré de créance que
méritent les interprétations de cette ancienne
écriture scandinave. Son avis est que les érudits
ont expliqué les runes d'une manière plus sa-
tisfaisante pour eux que pour les lecteurs, et
il le prouve ainsi, en parlant des fonts baptis-

maux conservés dans l'église de Bridekirk :

« Écoutez Olaüs Wormius, il vous apprendra que les caractères tracés sur la pierre veulent dire : *Harold est l'auteur de ce monument, qu'il a élevé en l'honneur de sa mère et de Mabrok.* L'évêque Nicholson n'est pas content de cette version.

« Mon très-honoré monsieur, écrit-il à Dugdale, laissons l'inscription parler elle-même. » Et, selon lui, elle dit très-intelligiblement : *C'est ici qu'Eckard a été converti, et les Danois ont été amenés à suivre son exemple.* L'évêque Nicholson était un homme fort savant, et beaucoup d'ouvrages utiles sont sortis de sa plume : sur la foi de son érudition, Harold s'est vu chasser des fonts, et la mère d'Harold, ainsi que Mabrock, ont été oubliés. Eckard a continué de jouir pleinement de ses honneurs jusqu'à ce qu'il en ait été privé à son tour par un de nos contemporains, digne archéologue de Warwickshire [*], qui lit dans l'inscription : *Richard m'a construit, et il m'a donné cette forme en peu de temps.* Voici donc maintenant

[*] William Hamper.

Richard en possession des fonts baptismaux ; mais qu'il y prenne garde ! D'après certaines dépêches de Copenhague, adressées au secrétaire de la Société des Antiquaires de Londres, la *Skandinaviske Selskab*, ou Société scandinave, aura bientôt réuni les éléments d'un siége en règle contre Richard, que déjà elle avait attaqué en 1821... On pourrait croire qu'un sort a été jeté sur les savants, et que quelque lutin d'humeur espiègle, caché autour des runes, s'amuse à fasciner les yeux des graves antiquaires...»

Ce ton enjoué, parfaitement convenable ici, jette au milieu du livre une agréable diversion, que ne saurait obtenir l'uniformité du style soutenu. C'est là un des secrets littéraires que possèdent le mieux les bons auteurs anglais. L'histoire d'une époque, envisagée sous toutes ses faces, comme l'est ici celle des Anglo-Saxons, se prête à cette diversité de style. Il en résulte un plus grand effet pour les passages où l'expression s'élève à la hauteur d'une pensée grave, religieuse, à l'examen attentif des points propres à exercer utilement la critique. Il en est ainsi de la comparaison des langues *romanisées* et des langues teutoniques ; ainsi, des motifs politiques du célibat du clergé, question qui, traitée avec autant d'impartialité par un protestant homme pieux, prouve un esprit élevé et une grande indépendance de jugement. Aussi ce bel ouvrage mérite sous le point de vue moral le titre d'ouvrage d'éducation, dans l'acception la plus honorable de ce mot ; c'est un des meilleurs et des plus instructifs qu'on puisse mettre entre les mains de la jeunesse.

Parmi les idées le plus heureusement développées dans ce livre, nous en citerons une qui a dû se présenter souvent, d'une manière plus ou moins nette, à la plupart des bons esprits, chaque fois qu'ils ont entendu des hommes s'occupant de tout autre soin que de cultiver leur intelligence, opposer, sans aucune connaissance de l'histoire, les temps anciens aux temps modernes, prononcer avec une imperturbable assurance l'éloge exclusif du nôtre et des conquêtes indestructibles acquises aujourd'hui à la civilisation.

« Nous oublions ordinairement, dit M. Palgrave, que tout le savoir des hommes n'est qu'illusion, et nous exaltons l'art de l'impri-

merie comme s'il portait un défi au temps.
Nous nous imaginons que non seulement cet
art nous conservera toujours la possession de
ce que nous avons acquis dans les sciences;
mais qu'il nous assure la faculté d'ajouter indéfiniment à nos richesses littéraires. Cette pensée nous trompe et n'est fondée que sur l'erreur. La raison des hommes peut s'obscurcir
par des discours dépourvus d'idées, et l'orgueilleux empire du savoir et de l'intelligence
serait aussi facilement détruit que tous ces
royaumes temporaires dont la poussière est
maintenant livrée aux vents du ciel. »

On comprend la haute indépendance de cette
vue vraiment philosophique et si peu en rapport avec le philosophisme banal qui fait les
frais de l'éloquence de ces prôneurs officieux
du progrès des lumières; et l'on sentira surtout la solidité de ce raisonnement, en le rap-
prochant d'une observation bien remarquable
due à l'un de nos plus savants imprimeurs :
« Quand on considère la multitude d'erreurs
que les livres enfantent chaque jour sur les
hommes et les choses, on peut justement s'ef-
frayer de l'étrange confusion dans laquelle se

trouvera toute la littérature, d'ici à quelques
siècles ; et très-probablement la vérité historique et littéraire sera-t-elle plus difficile à établir qu'avant la découverte de l'imprimerie[1]. »

Le tableau que sir Francis Palgrave trace de
l'état social en Angleterre, depuis le milieu du
cinquième siècle jusqu'à la fin du onzième, est
l'un des sujets les plus féconds en réflexions
profondes que puisse offrir l'histoire. La vie et
le règne du grand Alfred, ce roi si complet, cet
homme si éminent, présente tout le beau côté
des temps encore barbares, mais pleins de séve,
d'action et d'avenir. L'écrivain avait trop d'occasions de déplorer les malheurs et les crimes
de cette époque de barbarie, pour ne pas s'é-
tendre avec complaisance sur le règne d'Alfred.
Il en a fait une belle étude historique.

On est frappé d'admiration à la vue de
toutes les grandes choses que pouvait faire alors

---

[1] *Des progrès de l'Imprimerie en France et en Italie au
seizième siècle, et de son influence sur la littérature;* avec
les lettres-patentes de François Ier, en date du 17 janvier
1538, qui instituent le premier imprimeur royal pour le
grec; par G.-A. CRAPELET, imprimeur. Paris, 1836, in-8°,
page 19, note.

un roi puissant. Alfred-le-Grand est un de ces génies supérieurs qui doivent tout à la rectitude de leur esprit, à l'énergie de leur volonté, et qui forcent la civilisation et les lumières à surgir au milieu de la barbarie. Plus accompli que Pierre-le-Grand, Alfred, qui joignait à sa grandeur la modération de la sagesse, s'imposait une mission bien autrement difficile. Il n'eût pas trouvé, comme l'illustre czar, des modèles de civilisation tout tracés, chez les peuples où il aurait porté ses pas, à cette époque obscurcie partout de ténèbres barbares. Il lui fallut tout fonder lui-même par la force de son intelligence, par sa passion de l'instruction. Les résultats qu'il obtint de la sorte seraient incroyables, s'ils n'étaient attestés par l'histoire. Quelle distance du point de départ au terme d'une telle carrière! On sait que ce grand roi, dont plusieurs institutions régissent encore aujourd'hui l'Angleterre, qu'il avait trouvée presque sauvage, était parvenu à y répandre assez d'instruction pour n'admettre aux emplois publics que des personnes lettrées; et lorsqu'un fonctionnaire se trouvait trop vieux pour aller à l'école, il fallait qu'il fournît à sa place, comme tribut vivant payé à la science, un fils, un serf, ou même un esclave.

« Ce réglement, dit notre historien, peut d'abord paraître capricieux et même despotique ; mais si l'on réfléchit qu'Alfred créait ainsi une classe de personnes dont l'éducation devait devenir utile à la société, il ne restera plus que des motifs d'admirer sa sagesse. »

Dès le neuvième siècle, un immense avenir appartenait à ce prince, qui pouvait se représenter les nombreuses générations d'une postérité innombrable faisant fructifier, par une séve inépuisable, cette civilisation dont il semait le germe fécond. Aujourd'hui cet avenir d'Alfred, qui est devenu notre passé, a produit ses richesses ; et l'on dirait qu'elles commencent à engendrer la satiété. Les trésors de l'intelligence bien emmagasinés avec ordre, on s'en glorifie, comme le riche de son opulence ; mais on a beau dire, l'intelligence est insensiblement détrônée par le culte de la matière, et ce déplacement nous mène à la barbarie. Ainsi les vues courtes et mesquines des partisans de l'utile et du *cui bono* peuvent devenir pour la postérité aussi funestes qu'ont été bienfaisantes les

larges vues d'avenir du vieux monarque saxon.
Celui-là était plus près que nous des grands
siècles de l'intelligence ; car il aurait certainement aimé l'art pour lui-même et non pour
ses applications *industrielles*; il était digne de
comprendre cette belle parole d'un ancien :
« Les Athéniens aussi eurent un besoin plus
» réel de toits solides pour couvrir leurs mai-
» sons que d'une admirable statue de Minerve
» en ivoire; et pourtant j'eusse aimé mieux
» être Phidias que le meilleur couvreur d'A-
» thènes : parce qu'il ne faut pas estimer un
» homme selon son utilité, mais selon son mé-
» rite *. »

« La fécondité du champ si varié des connaissances humaines, dit l'historien anglais que
nous examinons, dépend entièrement des efforts
de ceux qui le cultivent, et de leur habileté à
en recueillir les fruits. Les sciences et les let-

---

* Sed Atheniensium quoque plus interfuit firma tecta in
domiciliis habere, quam Minervæ signum ex ebore pulcher-
rimum; tamen ego me Phidiam esse mallem, quam vel
optimum fabrum tignarium. Quare non quantum quisque
prosit, sed quantum quisque sit ponderandum est. — CICE-
RONIS *Bruto, vel de claris oratoribus,* cap. LXXIII.

tres ne reposent que sur notre état de société, qui lui-même est artificiel et périssable. Si, par suite d'une subversion totale de nos lois et de nos institutions, la propriété diminuée se trouvait tellement répartie, qu'au lieu de cette gradation maintenant établie dans les rangs, il n'y eût plus qu'une classe, vouée au travail, dégradée par l'indigence, avilie par les vices, ne possédant aucun moyen de récompenser la science, et sans loisir pour s'en occuper, nous verrions aussitôt s'anéantir entre nos mains toutes les acquisitions dont nous sommes si fiers. »

L'histoire des Anglo-Saxons présente le détail des mœurs de l'époque, et les tableaux en sont animés par la couleur et le costume du temps. Nulle part on ne trouverait un meilleur emploi de ces qualités, que dans l'exposé de cette vie si extraordinaire de saint Dunstan, qui, de la cellule de cinq pieds de long sur deux et demi de large où il s'était comme enterré tout jeune en quittant les honneurs et les plaisirs de la cour, y est rappelé pour gouverner le royaume en ministre absolu, à la manière de Richelieu. Une brillante scène féodale se trouve aussi dans la description de cette barque conduite par Edgar et dont les rois, ses *hommagers*, étaient les rameurs. Ajoutons cependant que l'explication des principes de la féodalité ne nous a pas entièrement satisfait ; et c'est peut-être le seul endroit de cet ouvrage où nous oserions remarquer un peu de faiblesse, si ce qu'un tel sujet a de compliqué ne devait rendre la critique très-circonspecte.

Nous découvrons un endroit où un désir trop ardent de paix et de conciliation nous a paru entraîner l'estimable auteur au-delà du vrai. C'est quand, après avoir blâmé l'exagération du sentiment national chez les Écossais, il ajoute : « Les titres véritables et la gloire de l'Écosse ne consistent pas dans l'indépendance inquiète des premiers habitants de ce pays, avec lesquels d'ailleurs les Écossais d'à-présent n'ont plus rien de commun ; mais bien dans le bon esprit et la fermeté qui, même sous un gouvernement divisé, faible et en proie aux factions, leur ont procuré un état de société où règnent la religion, l'ordre et le bonheur. Voilà de justes sujets d'orgueil pour l'Écosse, et ils n'existeraient pas moins, quand même tous les rois de la race de Fergus auraient été enchaînés au char du conquérant. » Non, quoi qu'en dise le philosophe chrétien, un peuple généreux ne peut se rendre indifférent aux souvenirs de sa glorieuse indépendance ; ici le fait parle plus haut que toutes les théories de la sagesse.

L'historien anglais a énuméré les envahissements successifs de son île, avec une clarté qui permet d'en suivre aisément les vicissitudes, en remontant des Normands aux Danois, de ceux-ci aux Saxons, aux Angles et aux Jutes, tribus de la Germanie répandues entre le Rhin et le Weser, puis aux Pictes et aux Scots, tribus indomptées des îles Britanniques ; de ces conquérants presque sauvages aux Romains, et du peuple-roi aux Bretons primitifs, dont le langage s'était perpétué dans quelques cantons de Cornouailles jusqu'au siècle dernier.

« Mais du temps de la reine Anne, dit M. Palgrave, les enfants apprirent l'anglais, et à mesure que les vieillards de Cornouailles moururent, la langue s'éteignit par degrés avec eux ; sibien que vers le milieu du règne de Georges III, une femme, nommée Dolly Pentrath, vieille marchande de poisson, qui résidait à environ trois milles de Mousehole, près Penzance, était le seul individu dans le monde qui pût parler la langue des anciens Bretons dannoniens. Elle en faisait au surplus un fort mauvais usage, car elle ne s'en servait que pour gronder quand elle était offensée, ou pour blasphémer et dire des injures quand on ne lui offrait pas un assez bon prix de son poisson. » — Cette grossière poissarde n'aurait-elle pu se dire la personne la plus noble des trois royaumes? Qu'étaient, auprès de l'origine antique, prouvée par son idiome traditionnel, tous les titres de descendance des oppresseurs successifs de la vieille Bretagne? prétentions d'intrus et d'hommes nouveaux.

L'histoire des Anglo-Saxons conduit donc celle de l'Angleterre depuis son berceau jusqu'à la conquête de Guillaume. Arrivé à ce confluent historique, il faut remonter vers une autre source, pour connaître la nature de ce nouvel affluent dominateur. Pour cette partie de la route rétrospective, feu Théodore Licquet a laissé un guide sûr dans son *Histoire de Normandie depuis les temps les plus reculés jusqu'à la conquête de l'Angleterre en* 1066, ouvrage dont nous allons parler. M. Alexandre Licquet, frère de cet estimable historien, a voulu compléter pour nous l'œuvre de son frère, en traduisant le livre de sir Francis Palgrave dans un style élégant et facile. Ce volume augmente la collection historique anglo-normande, que publie avec un soin et une persévérance si louables M. Édouard Frère, de Rouen, un des hommes honorables de la librairie française ; il est orné d'une eau-forte de M. Langlois du Pont-de-l'Arche, représentant la bataille d'Hastings, et où l'on retrouve les brillantes qualités du dessin de ce célèbre artiste.

HISTOIRE DE NORMANDIE,

DEPUIS

LES TEMPS LES PLUS RECULÉS JUSQU'A LA CONQUÊTE
DE L'ANGLETERRE;

Par Th. LICQUET.

Si les peuples les plus heureux sont ceux
dont l'histoire s'occupe le moins, on peut pous-
ser le raisonnement jusqu'au bout, et dire que
les époques les plus dramatiques pour l'histoire
sont aussi celles où l'humanité a le plus à souffrir. Peut-être ne faudrait-il pas excepter de cette
règle les époques les plus brillantes de l'antiquité, car la guerre y était souvent bien cruelle;
le fanatisme national, la superstition, les orages
populaires y faisaient souvent bien des victimes. Enfin, un fait majeur qui, sans être sur
le premier plan dans l'histoire ancienne, doit
dominer tous les autres pour l'observateur

moraliste, l'esclavage, ce crime social, condam-
nait au plus grand des malheurs au moins les
neuf dixièmes de la population. L'homme qui
naissait alors avait donc, contre une chance de
jouir du privilége de la liberté, neuf chances
d'être condamné ou à l'abrutissement, ou à l'a-
vilissement, ou au désespoir. Voilà de ces choses
dont il est indispensable de tenir compte, lorsqu'on juge une époque, surtout par comparaison. Il faut sonder une telle plaie pour en comprendre toute la gravité; car ces héroïques
républicains, ces hommes privilégiés, si polis par
le culte élevé des arts libéraux, regardaient cet
état de choses comme trop naturel pour faire jamais la moindre réflexion sur sa monstruosité.

Si le christianisme, en déclarant tous les
hommes frères, ne détruit pas immédiatement
un si énorme abus de la force, il appelle du
moins l'attention des hommes sur l'immoralité
de son principe. Malheureusement, arrive bientôt le torrent de la barbarie; et pendant long-
temps dans une grande partie de cet empire
romain, naguère si partialement, mais si régulièrement organisé, il n'y a plus d'autre loi que
la violence. Alors l'éclat d'une brillante surface

ne dérobe plus aux yeux le grand nombre des obscures misères ; le mal paraît à nu, et l'observateur effrayé se demande si ces malheureuses époques n'étaient pas frappées de quelque sceau de réprobation, pour être le théâtre de tant d'horreurs sanglantes, de tant d'actes inhumains.

Nos temps, quelles que soient leurs misères, gagnent beaucoup à une comparaison attentive avec l'antiquité et le moyen-âge, sous le point de vue qui doit dominer tous les autres, celui de l'humanité. Quant aux horreurs du milieu du moyen-âge, elles n'ont pas de palliatif : c'est l'empire de la force dans toute sa naïveté impudente et farouche. Nulle part la beauté de l'ordre ne fait oublier l'injustice de l'oppression, nulle part de courage sans férocité, de puissance sans tyrannie. Ce sont là, il faut le dire, les caractères que présente chez nous la période écoulée entre la conquête de la Gaule par les Francs et celle de l'Angleterre par les Normands, si l'on excepte une partie du règne de Charlemagne.

Toutefois cette partie de l'histoire, traitée comme elle doit l'être, a un genre d'intérêt qui lui est propre. Les hommes dont l'énergie maîtrise de tels contemporains ont des proportions vraiment colossales; la réunion des hautes combinaisons de leur génie avec les prodiges de leur valeur et de leur force corporelle, avec les exterminations de leur fureur implacable, produit de ces effets merveilleux tels qu'en présente l'histoire de Rollon, des fils de Tancrède de Hauteville et de Guillaume-le-Conquérant.

On a reproché avec raison à plusieurs historiens du siècle dernier ou du commencement de celui-ci de ne pas avoir rendu la physionomie des temps qu'ils avaient à retracer, faute d'en avoir assez pratiqué les monuments originaux. De nos jours on a recherché avant tout la *couleur locale*, et trop souvent on a manqué le but par précipitation et légèreté. Quelques faits peu connus, curieux par leur étrangeté, ont souvent été mis en œuvre aussitôt que recueillis, et, isolés des autres faits dont ils doivent être inséparables, ils ont été présentés comme le cachet de leur époque. De là, certaines réputations de cabinets littéraires, de là une prétention à des recherches profondes, jointe aux preuves trop claires d'une bien plus profonde ignorance. J'en pourrais citer des exemples dans quelques-unes de ces prétendues scènes historiques dont nous sommes inondés. Cette tendance littéraire est fâcheuse ; mieux vaudrait peut-être une séparation complète entre les œuvres d'étude et celles de l'imagination. Toutefois les personnes qui veulent étudier un peu sérieusement demandent l'instruction à d'autres sources, et l'influence de ces ouvrages mixtes est à peu près nulle.

Un emploi plus dangereux des matériaux intéressants sur les mœurs du moyen-âge est l'usage qu'en fait quelquefois une science réelle, mais exploitée par l'esprit de système. Nous avons déjà eu l'occasion de signaler ce danger dans deux auteurs du premier ordre, MM. Dulaure et Augustin Thierry. Leur érudition et leur talent donnent une grande portée à leurs erreurs, qui ne sont pas des erreurs vulgaires ; la critique ne peut prétendre les réfuter en passant, et, si nous les nommons ici, c'est pour mieux faire comprendre, par l'opposition, le caractère du travail de M. Licquet. M. Dulaure n'a vu dans le passé, jusqu'à 1789, que misère, honte et oppression. M. Thierry a voulu suivre, en France et en Angleterre, la distinction des deux races, vaincue et conquérante, et retrouver encore actuellement la première dans le peuple, représentant direct des anciens et légitimes propriétaires du sol; la seconde dans l'aristocratie, représentant ceux qui avaient dépossédé les premiers par la violence. En admettant un instant avec ces deux savants auteurs, que le plus grand nombre de faits soient favorables à leurs plans; il faudra toujours reconnaître que ces plans ont été ceux de leurs ouvrages: cela ressort trop évidemment de la lecture de leurs livres pour pouvoir être nié. Dès lors ces livres ne sont pas une histoire, mais un plaidoyer; or les avocats ont toujours eu le droit de grouper les faits favorables à leur cause.

L'historien, au contraire, cherche à se défaire de toute opinion *primesautière*, ou du moins il se promet à lui-même de ne jamais passer outre devant des faits incontestables, de ne négliger aucun de ceux qu'il peut se procurer, et de porter dans les discussions contradictoires l'impartialité d'un juge entièrement désintéressé dans le procès qu'il instruit, et où il veut ne faire triompher que la vérité.

On me répondra que tous les historiens, même les plus partiaux et les plus systématiques, ont cette prétention; qu'ils ne conviendront jamais avoir appuyé par un triage de faits un système construit d'avance, mais bien d'avoir tiré leur démonstration, de l'étude des faits. Je ne dis pas que telle ne soit leur prétention, mais je dis que c'est au public éclairé, que c'est à une critique grave et attentive d'en apprécier le plus ou moins de fondement. Enfin je sais qu'un historien entièrement impartial est bien rare, qu'une telle qualité semble même tenir à un défaut, et qu'on préfère encore la passion d'un talent partial au terre-à-terre d'un froid écrivain qui ne connaît que l'exactitude.

Le mérite de M. Licquet consiste justement à avoir concilié l'exactitude et l'impartialité avec un véritable talent. Son histoire n'est rien moins qu'un ennuyeux procès-verbal; c'est, au contraire, un récit rapide, où la vivacité du style répond à l'étonnante soudaineté des événements, à la hardiesse des entreprises, à l'incroyable audace des personnages; où les faits sont présentés d'une manière plus ou moins saillante, suivant leur degré d'importance; où de judi-

cieuses réflexions arrêtent le lecteur sur les
endroits les plus dignes de son attention; où,
dans les points à discuter, les témoignages ne
sont pas seulement rapprochés, mais comparés
avec un esprit fin et un coup-d'œil juste.

Dire que l'auteur est étranger à toute prédilection ne serait pas exact. Normand, il s'occupe
avec complaisance de ses ancêtres; mais il ne
fait aucun passe-droit en leur faveur. S'il faut
les condamner, il en exprime son regret avec
une sorte de bonhomie spirituelle qui était dans
ses manières et qui se retrouve dans son style;
mais enfin il les condamne. Si, dans la discussion de quelque point obscur, il ne parvient
pas à s'éclairer suffisamment, il convient que,
dans l'incertitude, il préfère supposer le bon
droit du côté des Normands. C'est, comme on
le voit, jouer cartes sur table. Au reste, cette
sorte de profession de foi n'est pas sans art,
car elle prévient en faveur de la sincérité de
l'auteur; mais cette sincérité est réelle; s'il en
revendique le mérite, il ne fait qu'user d'un
droit.

Son histoire est disposée avec clarté. On
y aperçoit facilement quatre points princi-

paux : les temps antérieurs à Rollon ; le règne de ce prince et de ses successeurs ; le brillant épisode des fils de Tancrède de Hauteville, et le règne de Guillaume-le-Conquérant. Telle n'est pourtant point la division des titres de l'ouvrage, où, après les temps antérieurs à Rollon, se trouve naturellement le règne de chaque duc.

Ces temps antérieurs contiennent d'abord des faits assez généralement connus, répondant au cours de la première race, où la Neustrie se distingue peu des autres parties de la Gaule. L'auteur trace de cette période un tableau rapide, expressif, et qui, dans un petit nombre de pages, reproduit bien l'impression que laisse la lecture de Grégoire de Tours. Vient ensuite l'endroit de tout l'ouvrage qui a le plus de valeur historique, puisque les détails en sont tirés, en partie, de sources dont l'emploi, parmi nous, peut être considéré comme neuf : les anciennes *sagas* de la Norwége, auxquelles depuis plusieurs années des savants distingués de la Normandie ont accordé avec raison une attention dont les mémoires de l'académie de Rouen offrent la preuve. Désormais l'origine des Normands non seulement ne peut être un problème, mais elle est accompagnée de tous les détails, de tous les noms et de toutes les dates qui entourent les points d'histoire les mieux éclaircis. Voici quelques-un s destraits dont M. Licquet peint ces terribles conquérants.

« Après avoir parlé des petits souverains qui se partageaient la Norwége au neuvième siècle, l'auteur ajoute : « Indépendamment de ces maîtres du sol, il existait dans le Nord une foule de rois d'une autre espèce, souverains sans sujets, sans états, sans demeure et dont la réputation n'est en quelque sorte parvenue jusqu'à nous qu'à travers les massacres qui la leur ont faite. C'étaient les *rois de la mer*, titre mérité, puisqu'ils ne dormaient jamais sous le toit enfumé, puisqu'ils ne vidaient jamais la corne auprès du foyer. Sans autres forteresses que leurs barques, sans autre droit que celui du glaive, sans empire que les flots, ils s'élançaient sur leurs *chevaux à voiles*, ainsi qu'ils appelaient leurs navires, épiaient les vaisseaux voyageurs, les attaquaient à l'abordage, faisaient périr les vaincus, soit par le fer ou par le feu,

soit en les livrant à des chiens furieux, soit en
les précipitant du haut des rochers.

» Ce n'était pas seulement sur les flots qu'ils
exerçaient leurs brigandages. Mais alors peu
leur importait la contrée qu'ils allaient visiter :
ils poussaient leurs esquifs à la mer, et en
abandonnaient la direction aux vents. Quelquefois même, imitateurs en cela des vieux
Saxons, dont ils devaient un jour triompher, ils
s'embarquaient pendant l'orage, certains d'arriver à l'improviste, et voguaient joyeusement
vers le pillage sous la protection des tempêtes.

» Rivaliser de force et d'agilité, gravir leste-
ment les rochers escarpés, courir sur le bord
étroit d'un esquif, sauter légèrement d'une
rame sur l'autre, en suivant le mouvement ré-
gulier des rameurs, lancer à l'ennemi deux
javelots à la fois, se battre des deux mains avec
une égale dextérité, traverser un bras de mer
à la nage, dompter un coursier rebelle, l'en-
fourcher à toutes les allures, boire de la bière
dans le crâne de son ennemi ; tels étaient les
jeux du pirate, à qui la mort ne pouvait arracher qu'un sourire...

» Comme s'ils eussent appréhendé que leur

énergie naturelle les servit mal dans le combat, ils appelaient à leur aide une sorte de rage artificielle, en s'enivrant de boissons spiritueuses. Alors ils s'abandonnaient à d'effroyables contorsions, essayaient de briser leurs boucliers avec les dents, mettaient dans leur bouche des tisons enflammés, et ne se calmaient qu'à la vue du sang qu'ils avaient pu répandre...

» Voilà les compagnons de ce Hrolf, fondateur d'une souveraineté nouvelle en France, et dont la postérité devait s'établir avec tant d'éclat sur le trône d'Angleterre. »

Dans le règne de Hrolf ou Rollon, l'auteur discute avec beaucoup de lucidité plusieurs points obscurs, tels que les circonstances du traité de Saint-Clair sur Epte, le prétendu mariage de Rollon avec une Gisèle, qui aurait été fille ou sœur de Charles-le-Simple ; mariage admis par tous les historiens modernes, et dont M. Licquet démontre la fausseté, en expliquant comment cette erreur s'est établie.

Dans l'histoire des successeurs de Rollon, le pélerinage de Robert-le-Magnifique à Jérusalem présente le côté le plus poétique des mœurs de cette époque. Une partie de son voyage se fait

en véritable pèlerin, nu-pieds et le bourdon à
la main ; mais, en arrivant à Constantinople,
« Robert voulut y faire une entrée digne de sa
réputation d'opulence et de libéralité. Il or-
donna donc qu'on lui amenât une mule riche-
ment caparaçonnée, lui fit mettre aux pieds
des *fers d'or*, faiblement assurés avec des clous
de même métal, et défendit à ses gens de les
ramasser s'ils venaient à se détacher dans le
trajet. Ainsi monté, et suivi de ses chevaliers
somptueusement vêtus, il se rendit à l'audience
de l'empereur. »

A l'occasion des récits suspects auxquels
donnèrent lieu les aventures de ce duc Robert, M. Licquet réfute facilement la tradition
qui le confond avec le personnage des romanciers, célébré jusqu'à nos jours sous le nom de
Robert-le-Diable, dont on montre le prétendu
château sur la rive gauche de la Seine, à quatre
lieues de Rouen, et dont M. Deville a prouvé
l'identité (obscurcie par le merveilleux des traditions) avec Robert *Courte-Heuse*, fils de Guillaume-le-Conquérant.

Au règne de Robert-le-Magnifique se rattache
le brillant épisode de la conquête de la Pouille

et de la Sicile par les vaillants fils de Tancrède
de Hauteville, qui fondèrent alors le royaume
des Deux-Siciles, tel qu'il existe encore aujourd'hui. Leurs exploits sont encore plus étonnants que ceux de Rollon, et M. Licquet a
exposé d'une manière aussi claire que rapide
les entreprises de ces douze frères terribles,
dont Guillaume-bras-de-fer, Robert Guiscard
et Roger sont les plus illustres. Il semble lire
une épopée en lisant les prodigieux succès de
ces chevaliers normands. Robert Guiscard en
était venu au point de destiner l'empire d'Orient
à son fils, en visant pour lui-même au trône
de Perse ; et ce qui lui restait à faire pour y
arriver n'était pas plus grand que ce qu'il avait
fait pour en venir au point où il était. Mais
la mort l'arrête. Malheureusement cette épopée
reprend son caractère véritable par les détails
d'atroces cruautés que sans doute n'aurait pas
imaginées un poète ; telle est cette horrible habitude de faire couper les mains et les pieds.

« Ce maudit usage des mutilations, dit Mézeray, venoit de l'invention des princes grecs,
et on l'a pratiqué long-temps en Occident : à
cause de quoi les vassaux, dans leur serment

de fidélité, juroient qu'ils défendroient la personne de leur seigneur envers et contre tous, et ne consentiroient pas qu'on le mutilât d'aucune partie de son corps. »

Les auteurs du temps parlent de ces supplices avec un sang-froid incroyable, habitués qu'ils étaient à voir journellement de pareils spectacles. Riso, seigneur de Monticello, ayant assassiné dans une église Drogon, son compère, un des douze fils de Tancrède, Humfroy, frère de Drogon, assiégea Monticello et s'empara de Riso. D'abord ses complices furent mis à mort par divers supplices, qui ne pouvaient être trop grands pour une telle trahison, suivant la remarque d'Aimé, moine du mont Cassin, auteur de la *Chronique de Robert Viscart.* Quant à Riso, le principal coupable, le chroniqueur ajoute dans son style antique : « Et Riso, loquel
» fu chief de lor malvaistié, il lui furent tailliez
» toutes les membres l'une après l'autre, à ce
» qu'il soustenist plus lonc torment de sa per-
» sonne. Et au darrain [*en dernier lieu*], avant
» qu'il morust, vif lo souterrèrent. »

Rien n'est plus intéressant que de comparer avec le récit de M. Licquet cette chronique du moine Aimé et son *Ystoire de li Normant*, qui viennent d'être publiées pour la première fois par M. Champollion, et que feu Licquet n'avait pas connues.

On pense bien que le règne de Guillaume-le-Conquérant, qui termine l'ouvrage, en est là partie la plus importante. Nous nous bornerons à dire que l'historien nous y a paru constamment à la hauteur de son sujet; il lui arrive souvent de n'être pas d'accord avec M. Thierry. Toutefois il est loin de chercher à disculper son célèbre duc des graves reproches que l'histoire est en droit de lui faire.

« Assurément, dit-il, le poison joue un trop grand rôle dans l'histoire de Guillaume. » Plus loin, il ajoute, en parlant de Conan, duc de Bretagne, dont un vassal, qui l'était aussi de Guillaume, empoisonna le cor, les gants et la bride, et qui mourut tout à point pour tirer le duc normand du plus grand embarras : « C'est le quatrième ennemi de notre duc qui meurt empoisonné, rapprochement funeste à sa mémoire, et qui prouve malheureusement aussi que cette science infernale est plus ancienne qu'on ne se l'imagine. » Sans doute cette mort a rappelé à l'auteur celle de Jeanne d'Albret, reine de Navarre, empoisonnée aussi avec des gants que lui avait vendus un Italien amené à Paris par Catherine de Médicis. Toutefois nous trouvons une singulière négligence dans la dernière réflexion ; car personne, que nous sachions, ne s'imagine que la science des empoisonnements soit moderne : il suffit, pour savoir le contraire, d'avoir vu jouer *Britannicus* ou lu Tacite, dont Racine a reproduit fidèlement les détails en cet endroit. L'histoire du poison est malheureusement presque aussi ancienne que celle de nos sociétés.

M. Licquet était un des savants les plus estimés de la ville de Rouen, dont il était bibliothécaire, et où il est mort, en 1832, à l'âge de quarante-cinq ans. MM. Frère et Nicétas-Périaux se sont faits éditeurs du bel ouvrage qu'il avait laissé manuscrit, et dont nous venons d'essayer de présenter un aperçu. Nommer ces éditeurs, c'est faire l'éloge typographique du livre, car il y a long-temps que la réputation de leurs excellentes publications s'étend bien au-delà de Rouen. Ils ont été puissamment secondés par deux savants de la même ville, qui ont pris soin de cette œuvre posthume de leur confrère. Des matériaux sur la littérature, la mythologie et les mœurs des hommes du Nord avaient été préparés par M. Licquet pour servir d'introduction à son histoire. M. Depping, en joignant quelques-uns de ces fragments aux notions qu'il doit à ses propres recherches, a complété cette introduction, dont il a enrichi le commencement de l'ouvrage, afin qu'il parût tel que son auteur l'avait conçu. Enfin M. Deville, qu'il faut nommer dans tout ce qui s'entreprend d'utile et d'honorable à Rouen, a suivi l'impression avec une attention dont la parfaite correction du livre prouve tout le zèle, et où l'on reconnaît la main d'un ami. Il a fait précéder le livre d'une notice sur l'auteur, et l'a fait suivre de plusieurs documents contemporains, dont trois, traduits par lui, se reconnaissent facilement à la fidélité historique et à l'élégance correcte de tout ce qui sort de sa plume.

HISTOIRE

DE LA NORMANDIE,

SOUS LE RÈGNE DE GUILLAUME-LE-CONQUÉRANT

ET DE SES SUCCESSEURS,

Depuis la conquête de l'Angleterre jusqu'à la réunion de la Normandie
au royaume de France ;

Par G.-B. DEPPING.

L'histoire de M. Depping, qui fait suite à celle de feu Licquet, dont nous venons de parler, traite de la période comprise entre l'année 1066, époque du sacre de Guillaume-le-Conquérant à Londres, jusqu'à l'année 1204, où la prise de Rouen par Philippe-Auguste achève la réunion de la Normandie à la France. Cette année 1204 est fertile en grands événements : c'est celle de la prise de Constantinople par les seigneurs croisés, l'un desquels, Ville-Hardouin, maréchal de Champagne, a laissé le récit de cette glorieuse expédition ; c'est aussi l'année où mourut Éléonore de Guienne, si célèbre, pendant la deuxième croisade, par sa beauté et sa coquetterie, et dont le second mariage fut si funeste à la France ; car en quittant Louis-le-Jeune pour Henri II, roi d'Angleterre, elle lui porta en dot toutes ces riches provinces du sud-ouest de la France, qui furent ainsi, pendant plus de deux siècles, une source féconde de désastres, et mirent la monarchie française à deux doigts de sa perte. Quelle persévérance dans la politique des rois pour fonder cette monarchie, sans se décourager par des revers qui semblaient anéantir les efforts de leurs prédécesseurs, et les obliger à recommencer tout sur nouveaux frais ! Néanmoins les derniers prédécesseurs de Louis XI, dans leurs situations les plus critiques, tenaient de la sanction du temps une ressource qui avait manqué aux premiers princes de leur race : c'était l'autorité royale, établie alors comme un droit suprême déjà ancien ; et Charles VII, dépouillé, n'attendant plus son salut que d'un miracle, était plus près, en ce sens, de la puissante mo-

narchie de son fils, que Louis-le-Jeune, époux
d'Éléonore. Aucun événement ne contribua
plus à consolider cet ascendant de la royauté
dans la personne du roi de France, que la conquête de la Normandie par Philippe-Auguste.
Dès lors, les rois d'Angleterre furent des rois
étrangers, la nationalité des deux pays fut distincte; et peut-être qu'en mourant la vieille
Éléonore aperçut, dans l'avenir, ses beaux états
de Guienne annexés au royaume de son suze-
rain, pour n'en être plus séparés.

Le rôle que joue Philippe-Auguste dans cette
construction d'une monarchie compacte est des
plus importants par les nombreux obstacles
qu'il eut à surmonter. Obligé non seulement
de marcher à son but, pied à pied, mais de recommencer vingt fois les mêmes conquêtes,
d'être attentif à toutes les circonstances et de
s'occuper surtout de les faire naître dans l'intérêt de ses desseins, Philippe se montre un
grand roi, comme guerrier et comme politique.
Mais la raison d'état trouve rarement grâce devant M. Depping. Les pays ravagés, les popu-
lations désolées par tous les maux de la guerre,
la foi des traités continuellement violée, voilà

ce qui le frappe le plus en se reportant, comme il l'a fait, au milieu de ces malheureux temps, par l'étude approfondie des écrits contemporains. Ce sont, du moins, les réalités les plus immédiates et les moins contestables de l'histoire; et la manière dont M. Depping les expose a quelque chose de plus vivant que celle des historiens qui abandonnent l'étude des faits pour les hauteurs philosophiques; c'est la Normandie au onzième et au douzième siècle, car l'auteur s'est placé au point de vue normand par rapport à la France comme à l'Angleterre.

Ce dernier royaume est réuni sous le même sceptre que la Normandie pendant toute cette période; mais l'importance de la conquête de Guillaume avait changé, sous ses successeurs, la situation respective des deux pays. Le duché héréditaire du conquérant, qui venait y étaler complaisamment les trésors arrachés aux Anglais par son despotisme de fer, finit par devenir à son tour une dépendance de l'Angleterre. Ces seigneurs normands, auxquels il avait distribué les domaines féodaux de sa conquête avec une prodigalité telle, que plusieurs avaient reçu, pour une seule part, douze cents, quinze cents et jusqu'à dix-huit cents seigneuries, trouvèrent une fortune bien plus considérable dans le pays conquis que dans leur contrée natale; et leurs intérêts leur faisaient choisir le premier lorsque les discussions des enfants de Guillaume les forçaient à opter pour un des deux états, avec la perspective de la confiscation de leurs biens, dans l'autre. A chaque génération, la séparation s'opérait davantage. La politique des rois de France était donc tout naturellement tracée par la géographie.

Il me semble, d'ailleurs, que tant d'expéditions aventureuses avaient détruit ou exporté une grande partie de cette chevalerie turbulente, qui représentait plus directement les hommes du Nord amenés par Rollon. Le reste de la nation, représentant l'antique Neustrie, retrouvait dans sa réunion à la France les souvenirs d'une origine commune. Toutefois, trois siècles de séparation faisaient de la France un pays étranger pour les Normands. Aussi M. Depping, tout en reconnaissant les avantages de l'incorporation nouvelle, ajoute : « Il dut paraître dur aux générations contemporaines de recevoir pour maître un prince étranger, le dévastateur du pays, ce même Philippe qui, depuis vingt ans, se plaisait à saccager le territoire normand, à brûler les villages, à égorger les habitants, à mutiler et tourmenter les prisonniers de guerre : pour les peuples comme pour les individus, il est des temps d'humiliations où leur patience et leur foi dans un meilleur avenir sont mises à de rudes épreuves. »

A l'exception de Robert Courte-Heuse, fils de Guillaume-le-Conquérant, et son successeur au duché de Normandie seulement, tous les autres ducs, dans la période traitée par M. Depping, sont en même temps rois d'Angleterre : ce sont Guillaume, Henri Ier, son fils, frère de Robert, Geoffroy Plantagenet, gendre de Henri Ier, lequel avait donné en mariage sa fille, l'impératrice Mathilde, âgée de trente ans, à ce jeune comte d'Anjou alors dans sa seizième année, Henri II Plantagenet, fils de Geoffroy, et mari d'Éléonore de Guienne, Richard-Cœur-de-Lion puis Jean-Sans-Terre, leurs fils.

Les violences de la féodalité, comprimées par la main puissante de Guillaume et par les deux Henri, se déchaînaient aussitôt que ces princes étaient absents, et surtout sous les autres règnes, soit par l'avilissement de Robert Courte-Heuse, soit par le pouvoir contesté de Geoffroi Plantagenet, soit par le séjour de Richard-Cœur-de-Lion en Terre-Sainte, et par les exactions dont cette croisade fut précédée et suivie ; soit enfin par la lâcheté de son frère Jean-Sans-Terre. Au milieu de toute cette barbarie, les puissants souverains de la Normandie étalaient, à l'époque des principales fêtes de l'année, une grande magnificence, à laquelle vient se joindre, sous les Plantagenets, le prestige des mœurs chevaleresques et de la poésie des trouvères. Les Plantagenets en furent les protecteurs et les héros ; et ils ont eux-mêmes cultivé la poésie. Henri Ier, beau-père du premier de ces princes, était déjà fort lettré pour son temps, et nous sommes étonné que M. Depping, en lui reconnaissant ce mérite, n'ait pas fait mention du surnom de *Beau-Clerc* que lui donnent quelques historiens.

Malheureusement ces princes offrent continuellement le spectacle de la cruauté, du parjure, des liens du sang méconnus par les fureurs de l'ambition ou même par les passions les plus déréglées. Dans leurs relations avec l'Église, ils ne cherchent qu'à s'affranchir, sous quelque prétexte, de l'accomplissement d'une promesse, des liens gênants d'une union légitime, ou bien à diriger contre leurs ennemis les foudres ecclésiastiques, auxquelles ils ne se soumettent que lorsqu'ils ne peuvent faire autrement. C'est un temps de grande influence pour le pouvoir sacerdotal ; et dans les querelles des rois de France ou d'Angleterre avec l'Église, il est rare que celle-ci ne finisse pas par l'emporter.

Le plus éclatant exemple de cette lutte est la querelle de Henri II avec Thomas Becquet. Quoiqu'elle se rapportât plutôt à l'histoire d'Angleterre qu'à celle de Normandie, M. Depping n'a pu résister à l'attrait d'en orner son ouvrage : un tel épisode, par les situations extrêmes et les caractères forts qu'il met en scène, est effectivement un de ceux qui animent le plus l'histoire. Celle de la Normandie à cette époque ne manque pas, au reste, de ces éléments dramatiques ; ils y sont même multipliés au point d'embarrasser le fil de la narration. Car le morcellement féodal et les causes fréquentes de licence que nous avons signalées, sont loin de présenter alors dans le duché de Normandie l'ensemble de destinées communes; chaque seigneur turbulent appelle à son tour l'historien sur un point différent du territoire; on saute à droite, à gauche, d'une ville prise à une campagne saccagée, d'un acte de férocité à un acte de trahison. Par cette variété de détails, il se forme difficilement un tableau général qui se grave dans l'esprit. C'est un inconvénient du sujet; et c'est surtout pour de telles compositions qu'est heureuse la disposition typographique, consistant à mettre au haut des pages, au lieu d'un titre commun toujours le même, des titres particuliers se renouvelant presque à chaque page, et indiquant au premier coup-d'œil ce qui s'y trouve rapporté. L'usage d'un livre ainsi disposé est fort commode, soit pour les recherches, soit pour la récapitulation de la partie déjà lue. Et si ce perfectionnement n'est pas généralement adopté, du moins devait-on s'attendre à le trouver dans les publications d'un éditeur aussi soigneux et aussi éclairé que M. Édouard Frère. Nous l'avons effectivement remarqué dans les autres livres d'histoire auxquels il a attaché son nom.

M. Depping a peut-être dans son style moins d'éclat et une allure moins rapide que feu Licquet, dont il s'est fait le continuateur ; mais c'est, autant que nous en pouvons juger, le même respect pour les faits, le même esprit de critique dans leur discussion. Ajoutons que les faits racontés par M. Licquet, cette conquête de la Neustrie par les hommes du Nord, les mœurs étranges de ces barbares, leur assujettissement graduel à notre civilisation, la puissance des successeurs de Rollon, qui va toujours grandissant jusqu'à Guillaume, les prodigieux exploits des chevaliers normands en Italie et en Sicile, sont de ces événements surprenants et hors de ligne, qui permettent à un historien de colorer son style de nuances vives et brillantes, et qui offraient à M. Licquet l'application de la connaissance des littératures du Nord. Cette partie des études de M. Depping lui a été inutile dans la période dont il s'est trouvé l'historien ; mais il y a mis à profit des sources authentiques et variées, avec ce discernement que donne une longue expérience des travaux historiques.

HISTOIRE

DU

PRIVILÉGE DE SAINT-ROMAIN,

Par M. FLOQUET,

Greffier en chef de la Cour royale de Rouen, ancien Élève de l'École des Chartes à la
Bibliothèque du Roi.

La coutume qui fait l'objet de cet ouvrage était un privilége qui donnait à de simples chanoines le plus beau droit de la royauté, un droit qui assimile les rois à la Providence, en plaçant leur miséricorde suprême au-dessus des arrêts de la justice, le droit de grâce. Le chapitre de la cathédrale de Rouen l'exerçait anciennement chaque année, et de telle sorte que les rois en furent souvent jaloux. Eux-mêmes, n'osant porter aussi loin celui qui tenait à leur couronne, devinrent souvent les solliciteurs du chapitre de Rouen, en faveur de tel ou tel grand coupable qu'ils recommandaient à sa miséricorde.

L'origine d'une coutume si remarquable semblait se perdre dans la nuit des temps, et à une époque fort reculée son existence avait été constatée comme un fait notoire déjà ancien.

Le merveilleux des légendes populaires l'avait, dirai-je enrichi ou altéré de ses couleurs brillantes? ce sera *enrichi* pour les poètes, *altéré* pour les historiens. Mais pour le chapitre de Rouen, l'effet de ces traditions confuses n'avait pas été un instant douteux, et cette habile compagnie avait exploité avec un art infini le vague et le merveilleux répandus sur l'origine de son privilége, pour le rendre cher aux peuples et le faire reconnaître des rois. Forts de ces précédents, et toujours soutenus par la sympathie nationale, s'il s'élevait quelque conflit, quelque réclamation, ils y opposaient une fermeté inébranlable, que les obstacles rendaient encore plus opiniâtre; leur privilége parvint ainsi au plus haut point de splendeur. Mais ils lui donnèrent une extension si prodigieuse, ils l'appliquèrent de préférence à des crimes si énormes, qu'enfin ils excitèrent contre eux des orages sans cesse renouvelés, et où toutes les puissances de l'état se réunissaient pour les dépouiller d'un droit aussi exorbitant. Ils tinrent bon cependant dans cette seconde période comme dans la première; et le privilége de saint Romain, dont l'histoire se rattache en 1193 à Richard-Cœur-de-Lion, se lie encore en 1775 au nom du comte d'Artois, depuis Charles X, et en 1780 à celui du duc de Chartres (père du roi Louis-Philippe), qui figurent tous deux dans cette histoire comme solliciteurs du chapitre de Rouen.

A l'époque où cette coutume était encore dans tout son éclat, des hommes profondément versés dans nos antiquités nationales avaient dirigé leur attention et leurs recherches sur cette « histoire vrayement admirable, dit Estienne Pasquier, et unique en son espèce, et qui, pour ceste raison, mérite d'estre recognüe de tous. » Mais l'origine en était tellement obscure, que, près de deux siècles après Pasquier, un jurisconsulte normand, qui l'avait long-temps étudiée sur les lieux mêmes, déclarait que « prétendre à trouver cette origine, ce seroit chercher la pierre philosophale. »

M. Floquet, champion exercé contre les difficultés historiques, par les innombrables documents originaux soumis à son examen pendant six années qu'il a passées à la bibliothèque du roi, comme élève de l'école des Chartes, n'a pas reculé devant une entreprise déclarée aussi intéressante que téméraire. Outre sa parfaite connaissance de la paléographie, de l'histoire, des coutumes de sa province et en particulier de Rouen, sa ville natale, il avait encore l'avantage, comme greffier en chef de la cour royale, d'être à la source des documents originaux.

« Dépositaire, dit-il, des antiques mémoriaux de l'échiquier et du parlement de Normandie, nous les avons tous soigneusement compulsés. Les registres, les chartes de l'ancien chapitre de Rouen, les statuts de confréries, les annales de la Tournelle, celles de la Chambre-des-Comptes, du Bailliage, de l'Hôtel-de-Ville ; les vieilles chroniques, les rituels, les recueils de jurisprudence, ont passé sous nos yeux. »

Ajoutons que ceux de ces titres qui appartenaient à l'église n'auraient pu être librement examinés avant la révolution de 89, parce que l'esprit de corps des chanoines était trop intéressé dans la question pour permettre à la critique d'y porter son flambeau. M. Floquet a donc eu à sa disposition des matériaux que n'auraient jamais eus Pasquier ni aucun des savants de l'ancienne France ; il les a mis en œuvre avec une supériorité de talent qu'aucun d'eux n'aurait surpassée, et qui fait de cet ouvrage (nous n'hésitons pas à le dire après la lecture la plus attentive) un des plus beaux monuments et des plus complets, élevés depuis long-temps à la science de l'histoire. Nous allons essayer d'en donner une idée.

Tous les ans, le chapitre de la cathédrale de Rouen délivrait, le jour de l'Ascension, un meurtrier qu'il choisissait dans les prisons de Rouen, parmi tous les coupables prétendant à cette grâce, et dont les confessions étaient reçues par des chanoines députés à cet effet. L'élection faite sur l'examen des confessions, le parlement délivrait au chapitre le prisonnier choisi, qui, au milieu d'une célèbre procession, en présence d'une foule immense, soulevait la *fierte* ou châsse de saint Romain, et était dès lors absous avec tous ses complices, quels que fussent leur nombre et l'énormité de leur crime. Cet usage, déjà constaté comme ancien en 1210, s'observa pour la dernière fois en 1790 ; voilà les faits.

A quoi ce chapitre dut-il un privilége si magnifique et si durable? Voici la tradition populaire : Sous l'épiscopat de saint Romain, un dragon monstrueux, appelé *la Gargouille*, désolait les environs de Rouen. Le saint évêque, voulant délivrer son peuple de ce fléau, prit avec lui deux criminels condamnés à mort, et alla à la rencontre de la Gargouille, dont il triompha. Les deux meurtriers qui l'avaient aidé dans cette miraculeuse expédition reçurent leur grâce, et, en souvenir de ce miracle, le roi Dagobert avait accordé ce privilége au chapitre de Rouen, à la prière de saint Ouen, son ministre, et l'un des successeurs de saint Romain au siége de cette ville. Voilà une des versions, car toute tradition populaire en a plusieurs.

M. Floquet a commencé par discuter l'authenticité de ce miracle, ce qu'il a fait avec beaucoup d'érudition, n'ayant pas le secours des bollandistes pour saint Romain, dont la fête tombe le 23 octobre ; or l'on sait que cette grande collection, prodige de science et de critique, s'arrête avant ce mois. On peut regarder comme certain, après avoir lu la dissertation de M. Floquet, que, si les bollandistes fussent parvenus jusqu'à la fête de saint Romain, ils auraient jugé le miracle de la Gargouille apocryphe, comme tant d'autres, non par des lazzi à la Voltaire, qui ne prouvent rien et dont on est heureusement revenu, mais par un examen grave et sérieux, qui, dégageant la religion de toutes les altérations apportées aux traditions secondaires par la grossièreté et l'ignorance, l'offre ainsi épurée à la vénération des hommes instruits, et établit entre eux et le vulgaire la seule différence orthodoxe dans la manière d'envisager la religion.

M. Floquet compulse toutes les plus anciennes Vies de saint Romain, tous les historiens contemporains ou des premiers siècles suivants, et n'y trouve pas un mot de ce prétendu miracle, dont il aperçoit les premières traces à la fin du quatorzième siècle. C'est depuis lors seulement que le chapitre, voulant fortifier son privilége, s'appuie sur la tradition de la Gargouille, qu'il adopte, soutient, explique, tourne et modifie de manière à en tirer le plus de parti possible.

Or, quel fondement pouvait-elle avoir? et quelle était la véritable origine du privilége? C'est ici que M. Floquet a montré une sagacité et une lucidité de critique dont on ne peut apprécier tout le mérite qu'en lisant cette partie de son ouvrage. On regrette de donner en quelques lignes un résultat historique qui a coûté à son auteur de si profondes recherches.

Philippe-Auguste, ayant conquis la Normandie, confia le château de Rouen à un gouverneur auquel le privilége revendiqué par les chanoines était inconnu, et qui refusa de leur délivrer un prisonnier le jour de l'Ascension, 1210. Ils se plaignirent aussitôt au roi, qui chargea l'archevêque de Rouen et le châtelain d'Arques d'informer sur ce conflit. Une enquête eut lieu, dont le procès-verbal figure aux pièces justificatives. Les témoins entendus y attestent comme fort ancienne, à leur connaissance, cette *immunité* accordée à l'église de Rouen *par les rois et les princes.* Outre cette assertion vague, ils affirment en particulier que, l'année de la captivité du roi Richard, il n'avait pas été délivré de prisonnier, en signe de deuil; mais l'année suivante, Richard étant rendu à la liberté, le chapitre en avait eu deux.

S'il y avait eu quelque charte formelle accordée par l'un des ducs qui avaient successivement régné sur la Normandie, ou par quelque roi de France, avant l'invasion des Normands, quelle occasion plus favorable pouvait-on avoir pour l'alléguer? Mais non, les chanoines n'avaient point alors de titres... Seulement ils demandaient chaque année, le jour de l'Ascension, un prisonnier aux rois, aux ducs, aux juges, qui ne le leur refusaient pas. C'était suivre l'exemple des saints évêques des premiers siècles, qui, presque tous, avaient intercédé avec succès en faveur des prisonniers. »

« Ce prisonnier, demandé humblement par le chapitre les premières fois, et toujours accordé sans difficulté par les ducs ou par leurs officiers, les chanoines se seront accoutumés à le réclamer chaque année; peu à peu, par la continuité d'un usage non interrompu, ils l'auront demandé comme leur étant dû; il leur aura toujours été délivré; et insensiblement une grâce sera devenue un droit. »

On peut le voir assez clairement s'établir ainsi à l'époque de cette enquête ordonnée par Philippe-Auguste; et M. Floquet indique les motifs politiques de ce prince en cette occasion :

« Le chapitre était bien puissant dans Rouen :

l'Angleterre était bien voisine de la Normandie, et l'occupation de cette province par Philippe-Auguste était un fait encore si récent! Eût-il été prudent à un nouveau souverain d'indisposer les chanoines en leur contestant un droit auquel ils tenaient tant? »

C'est là ce que l'histoire apprend sur les premiers temps de cette coutume. Elle avait lieu le jour de l'Ascension, parce qu'en cette fête l'église de Rouen solennisait ses *mystères*, ou représentations scéniques sur des sujets religieux. Aux processions de ce jour on portait, comme à d'autres fêtes, dans les églises de Metz, de Langres, de Paris, de Poitiers, la figure monstrueuse d'un dragon représentant le diable vaincu; et il y en avait même deux à celle de Rouen : l'un qui était sous les pieds de la Vierge, et l'autre sous les pieds de saint Romain. Ce saint était représenté très-convenablement de cette manière, comme ayant extirpé l'idolâtrie du diocèse de Rouen. Le dragon placé sous ses pieds passa insensiblement pour avoir réellement existé, et reçut le nom de *Gargouille*.

« On appelait ainsi par toute la France, dans les quatorzième et quinzième siècles, les gouttières de pierre des églises, des palais, des grands châteaux. Les ouvriers d'alors s'étudiaient à donner à ces volumineux tuyaux de pierre la forme de serpents ou de dragons ailés et monstrueux qui se penchaient au bord des toits de ces hauts édifices, et semblaient, par leur attitude menaçante, en défendre les approches. » Supposons maintenant quelque autre tradition, plus ou moins fondée, d'un événement contemporain de saint Romain, venant s'adapter à l'idée d'un dragon vaincu par lui, et nous concevrons comment le miracle de la Gargouille avec toutes ses circonstances s'accrédita parmi le peuple de Rouen, au point que, dans le dix-huitième siècle encore, suivant le continuateur de De Thou, « ce prétendu prodige était si profondé- » ment gravé dans l'esprit du petit peuple, » qu'il aurait fallu un autre saint Romain pour » en effacer les traces. »

Le privilége lui-même étend ses racines avec autant de force que la légende dont il s'appuie.

C'est un tableau des plus intéressants que de voir se dérouler, dans les annales de cette coutume, la partie la plus animée peut-être de l'histoire de la ville de Rouen. Le chapitre

avait su inspirer à ce peuple une véritable passion pour cette cérémonie. En 1207, le maire
de Rouen s'étant permis de retenir un prisonnier que les chanoines avaient élu pour lever
la fierte, le chapitre avait lancé un interdit sur
la ville. « Ne fut levé ledit interdit, ny pour
prières du roy, ny pour ménaces qu'il fist, ny
pour ambassade qu'il envoyast, jusques ad ce
que le prisonnier fust restitué par le maire, et
amené par luy dans Nostre-Dame, et en plain
chapitre. »

Dix-huit jours avant l'Ascension, le chapitre
envoyait ses députés au parlement et aux autres cours souveraines, pour faire une déclaration qui se nommait l'*insinuation* du privilége,
et après laquelle les juges devaient s'abstenir
de prononcer aucun jugement, de faire exécuter aucune condamnation déjà prononcée, et
d'enlever aucun prisonnier des prisons de la
ville, pour que les chanoines pussent choisir
entre tous. En 1299, le bailli de Rouen et le
vicomte ayant, pendant cet intervalle, fait mettre
en jugement, condamner et déjà conduire au
supplice, un prisonnier, le chapitre avait eu le
pouvoir de le faire ramener dans les prisons,

comme il était déjà près du gibet. Le même bailli ayant encore, en 1302, après l'insinuation du privilége, fait transférer un autre prisonnier des prisons de Rouen dans celles du Pont-de-l'Arche, « il y eut grande rumeur au chapitre. Les chanoines s'écrièrent qu'on attentait au privilége de saint Romain... Le jour de l'Ascension ils ne désignèrent point de prisonnier pour lever la fierte, mais ils se rendirent processionnellement, comme de coutume, avec toutes les châsses de la cathédrale, à la place de la Vieille-Tour. Là, par l'ordre du chapitre, un de ses orateurs, et peut-être n'avait-on pas choisi le plus modéré de tous, raconta au peuple ce qui s'était passé entre le bailli et l'église... » On peut imaginer l'effet de cette communication officieuse et de ces doléances sur une population enthousiaste du privilége et déjà indisposée de ne point voir ce prisonnier, objet pour elle d'une si ardente curiosité... Pour ne point laisser se refroidir les sentiments sympathiques qu'avait excités cette harangue, le chapitre eut recours à un moyen que déjà il avait employé avec succès. Aux yeux des habitants de Rouen, il n'y avait rien de plus auguste et

de plus sacré quela fierte de saint Romain, où
reposaient les restes vénérables du saint pontife. Cette fierte était pour la ville comme un
palladium auquel semblaient attachées ses destinées.... Cette sainte châsse, cette fierte ré-
vérée, envers laquelle un imprudent magistrat
s'était rendu coupable d'un double outrage, le
chapitre la laissa exposée solennellement aux
yeux du peuple dans la place de la Vieille-
Tour, en déclarant qu'elle demeurerait dans
cet endroit tant que Nicolas Letonnelier n'aurait pas été ramené des prisons du Pont-de-
l'Arche dans celle de Rouen.... Cela fut exécuté
ponctuellement, et la fierte de Saint-Romain
resta ainsi exposée en permanence à la Vieille-
Tour, le jeudi jour de l'Ascension, le vendredi
et le samedi, gardée jour et nuit par des ecclésiastiques et par un nombre considérable de
fidèles qui se faisaient un devoir de cette pieuse
assistance.

» Chaque jour le clergé et le chapitre de
Notre-Dame venaient, processionnellement,
visiter et honorer la châsse. Une multitude
innombrable suivait ces processions..... Cette
exposition extraordinaire de la fierte du saint,

ces processions inaccoutumées n'avaient pu
avoir lieu sans quelque mouvement dans le
peuple, que les chanoines avaient fort adroite-
ment semblé prendre pour arbitre, en lui racontant, le jour de l'Ascension, leurs démêlés
avec le vicomte. Ce dernier sentit qu'il n'était
pas le plus fort. Dès le samedi, il fit réintégrer
Nicolas Letonnelier dans les prisons de Rouen,
et s'empressa d'en donner avis au chapitre.....
qui, se voyant rétabli dans son droit..... choisit,
pour lever la fierte, non point Nicolas Letonnelier, dont la translation avait causé tant de
bruit, mais Guillaume de Montguerard; ce qui
prouva qu'en cette occasion encore le chapitre
n'avait voulu que forcer les magistrats à reconnaître son droit et à respecter son pouvoir. »

Ce pouvoir va toujours croissant par la persévérance inflexible des chanoines. Pendant la
longue occupation anglaise, mêmes triomphes
du chapitre sur les officiers de Henri V et
de Henri VI qui lui contestaient son privilége. « En 1473, il défendit son droit avec
énergie et succès, non plus contre un gouverneur de château, mais contre un roi de France;

et ce roi était Louis XII. » Voici la lettre que
ce prince écrivit au chapitre :

« Chiers et bien amez,

» Nous avons esté advertis du grant cas et
» crime commis et perpétré par Étienne de
» Baudribosc de nostre ville de Rouen, en la per-
» sonne de feu Jehan Le Chandelier, et comme
» il s'est vanté d'avoir la châsse de saint Romain
» et de joïr du privilége. Qui nous semble chose
» bien estrange et préjudiciable au dict privilége,
» actendu que le dict Baudribosc tient franchise
» publicquement, et qu'il a commis le dict cas
» de courage délibéré. Et, pour ce que nous
» avons grant intérest en cette matière, et que
» ne voullons que aucune chose soit faicte par le
» dict Baudribosc à l'encontre du dict prévilége,
» nous vous avons bien voulu advertir, affin que
» y ayés bon advis. Car se aucune chose se fai-
» soit au contraire, nous ne serions pas contens.
» Loys. »

Voyons quel fut le résultat de cette lettre
assez entortillée : « Le jour de l'Ascension, au
matin, le chapitre assemblé délibérait sur l'é-
lection d'un prisonnier, et déjà douze voix
avaient été recueillies, lorsque Jehan de Mon-

tespedon, bailli de Rouen, demanda à être introduit. Admis dans la salle capitulaire, il dit qu'il venait entretenir messieurs du chapitre au sujet d'Étienne de Baudribosc... Sa majesté, ayant eu connaissance de ce crime, avait envoyé l'ordre d'arrêter le coupable, en quelque lieu qu'il fût, hormis en lieu saint, et de le lui amener à lui et à son grand-conseil... En accordant le privilége de Saint-Romain à un homme dont le roi connaissait si bien le crime et avait donné des ordres si formels, le chapitre encourait l'indignation du monarque...

» Au moment où messieurs du chapitre allaient procéder à l'élection d'un prisonnier, il avait cru devoir venir leur donner cet avertissement. Les chanoines lui répondirent, par l'organe du grand-chantre, qu'ils avaient toujours obéi au roi, et s'efforceraient toujours de lui obéir et de ne rien faire contre ses ordres. *Quant au choix d'un prisonnier, ils y procéderaient selon Dieu et leurs consciences.* Après le départ du bailli on continua de recueillir les votes; et il se trouva que ce même Étienne de Baudribosc, poursuivi par le roi avec tant d'acharnement, avait recueilli l'unanimité des suffrages. » Les officiers du roi, consternés d'une telle hardiesse, n'osaient délivrer le prisonnier au chapitre. Il faut lire dans M. Floquet avec quel mélange d'adresse, de formes respectueuses et de fermeté inébranlable, les chanoines se firent remettre Baudribosc, qui obtint sa grâce et sa pleine liberté. Et Louis XI ne réclama point.

Par cette conduite le chapitre porta son privilége à un point de splendeur dont l'apogée fut sous le règne suivant. Charles VIII étant venu à Rouen présider lui-même son échiquier de Normandie, ce fut en sa présence qu'eurent lieu toutes les circonstances de cette imposante cérémonie. Ainsi M. Floquet décrit l'insinuation du privilége en présence de ce prince : « Le mercredi, 27 avril (1485), dix chanoines, envoyés par le chapitre au château, demandèrent à être admis dans la grande salle de l'échiquier. L'ordre ayant été donné de les introduire, ils entrèrent suivis de plusieurs chapelains de Notre-Dame et de tous les frères servants de la confrérie de Saint-Romain. Là, un spectacle imposant s'offrit à leurs yeux : tous les barons, les évêques, les abbés, les prieurs de Normandie; tous les baillis, les procureurs du roi, les vicomtes, les verdiers et autres officiers de justice de la province, étaient assis, pressés les uns contre les autres, sur les bancs du parquet d'en bas, et en si grand nombre, que la vaste grande salle du château pouvait à peine les contenir. Au-dessus de cette multitude de nobles personnages, on voyait les maîtres de l'échiquier, et, à leur tête, l'évêque de Lombez, abbé de Saint-Denis, président civil, et Christophe de Carmone, président criminel; plus haut encore, le duc d'Orléans, qui régna depuis sous le nom de Louis XII; le duc de Bourbon, connétable de France; le duc de Lorraine; le sire de Beaujeu; le comte de Richemont, qui, trois mois après, régna en Angleterre sous le nom de Henri VII; le comte de Vendôme, le seigneur de Bresse, le comte d'Albret, le prince d'Orange, le comte de Riquebourg, le chancelier de France; et au-dessus d'eux tous, sous un dais, Charles VIII, « séant en sa chaire ». Pour un tel auditoire, la formule ordinaire de l'insinuation eût été bien sèche. Aussi « maistre Estienne Tuvache, » chancelier et chanoine de l'église cathédrale de

Rouen, l'un des plus habiles du chapitre, n'avait pas été désigné sans dessein par sa compagnie pour porter la parole en cette circonstance solennelle. »

M. Floquet rapporte ici textuellement le discours de ce chanoine, où la mort de la Gargouille, dont nous avons indiqué succinctement la tradition, est racontée dans ses miraculeux détails.

« Après ce récit merveilleux, qui avait captivé au plus haut degré l'attention du roi et de l'illustre assemblée, le chancelier du chapitre, venant enfin à l'objet direct de sa mission, dit « qu'aucun prisonnier estant ès prisons du roy » en icelle ville de Rouen, ne debvoit estre in- » terrogué, questionné, molesté, ne transporté » de lieu en autre, jusques à ce que icellui pré- » villiège eust eu lieu et sorty son effet... Nous » supplions et requérons à Sa Majesté ici pré- » sente qu'il luy plaise permettre icellui prévil- » liège avoir lieu... » Le procureur du roi, in- vité de déclarer « s'il vouloit mectre aucun con- » tredit à la dicte requeste, répondit qu'il ne » débatoit point que le dict prévilliège n'eust » lieu à en user de la manière accoustumée. »

Alors la cour d'échiquier prononça « qu'elle ne
» mectoit aucun contredit que le prévilliège
» saint Romain n'eust lieu et sortist son effet,
» à en user ainsi et de la manière accoustumée
» sans riens innover. »

Il n'est pas moins intéressant de voir dans ce
livre la manière dont le chapitre appliquait ordinairement son privilége, les abus qu'il en fit,
quels crimes y trouvèrent le plus souvent leur
impunité, les efforts du parlement pour mettre
un terme à ces abus, les intrigues et les pro-
tections qui se pressaient autour des chanoines.
Ils joignaient à la fermeté persévérante qui a
toujours caractérisé les corps ecclésiastiques
cette souplesse et ces ménagemens que donnent
les habitudes du grand monde. Outre le rang
distingué qu'ils tenaient à Rouen, l'importance
de leur privilége, qui pouvait s'appliquer à
tous les Français, leur donnait dans tout le
royaume une considération augmentée encore
par les sollicitations qu'ils recevaient continuellement des plus illustres personnages.

Nous avons cité la lettre que leur écrivit sans
succès Louis XI. Ils en reçurent de presque
tous les rois ses successeurs, et des premiers

personnages de chaque époque, tels que Tal-
bot, Diane de Poitiers, le duc de Guise. Un
pape même, Grégoire XIII, ne dédaigna pas de
les solliciter en faveur d'un gentilhomme, à qui,
en vérité, une aussi haute recommandation ne
devait pas être inutile, car il avait bien sur la
conscience une douzaine de meurtres : « Grandement contrict et marry de tous ces crimes,
et en sentant sa conscience chargée, Du Plessis
Mélesse s'estoit retiré par devers M. le péni-
tencier de Romme, qui luy avoit enjoinct pour
pénitence aller visiter les saincts lieux de Hié-
rusalem, ce qu'il avoit faict ; et, au retour, estoit
allé baiser les piedz de sa saincteté nostre Sainct
Père le Pape, auquel il avoit rendu raison de
son voyage ; et, luy ayant faict congnoistre les
nécessitez auxquelles il s'estoit trouvé, à cause
de ses précédentes fortunes, sa saincteté luy
avoit enfin promis le favoriser de son auctorité
pour la recouvrance de sa liberté. » Le souverain pontife tint parole, et il adressa aux chanoines de Rouen un bref, que M. Floquet traduit là exactement, et dont il donne l'original
en latin aux pièces justificatives.

Pourtant alors le privilége commençait à recevoir des atteintes, car c'était en 1580, et nous avons marqué le temps de sa plus grande splendeur au règne de Charles VIII. Peu de temps après, commencent les véritables tribulations du chapitre. L'abus qu'il fait de son privilége appelle l'attention du parlement, qui devient alors presque constamment son adversaire. Les chanoines voyaient avec raison que leur importance auprès de tant de grands personnages venait de l'extension exorbitante donnée à leur droit de grâce. Bouthillier-Chavigny, secrétaire d'état, leur écrivait en 1641 : « Si le crime dont les sieurs de la Grillonière sont accusés *eust permis d'implorer la grâce du prince*, j'oze vous dire que le Roy m'eust peut-estre faict l'honneur de me l'accorder pour eux. » Cette considération était trop visible, et les chanoines avaient ainsi trop d'intérêt à choisir de grands criminels, pour ne pas leur donner la préférence ; ce qui fit dire plusieurs fois aux magistrats qui attaquaient le plus vivement le privilége qu'on en avait fait un brevet d'impunité. Les guet-apens le plus traîtreusement médités, l'assassinat des femmes par leurs maris et des maris par leurs femmes, le viol, le meurtre des prêtres au pied des autels, le fratricide, l'infanticide, le parricide, trouvent grâce devant le chapitre.

Voilà, certes, des crimes bien odieux, et l'on ne peut s'empêcher de blâmer des ecclésiastiques à qui l'esprit de corps faisait si mal appliquer leur omnipotence miséricordieuse. Cependant, avant de les condamner trop sévèrement, il faut considérer toute la force de ce sentiment collectif, l'importance que l'on met à transmettre intacts à ses successeurs les droits qu'on a reçus de ses devanciers. Souvent même, à différentes époques, les hommes les plus doux et les plus modestes firent valoir avec énergie et avec une apparence de hauteur les prérogatives de leurs fonctions. Le pieux Rollin, étant recteur de l'université, disputa le pas à l'archevêque de Paris dans une cérémonie, et l'emporta. Puis, aussitôt après la cérémonie, il alla se jeter aux pieds de ce prélat, qu'il comptait personnellement parmi ses protecteurs.

On comprend chaque jour plus difficilement dans nos temps d'uniformité générale l'importance attachée aux moindres prérogatives honorifiques d'une compagnie, à ces époques où tout était classé. L'ambition consistait, non pas à sortir de sa classe, puisque c'était presque impossible, mais à y faire arriver tous les avantages.

Souvent, il est vrai, les intérêts du chapitre de Rouen s'accordaient avec ceux de la justice et de l'humanité, et il est naturel de supposer que les chanoines profitaient avec empressement de ces occasions. Ils signalèrent même par un choix de ce genre le séjour de Charles VIII à Rouen. « La présence du roi dans la capitale de la Normandie y avait amené une multitude d'officiers attachés à sa personne et aux princes et grands de sa suite. Sous un roi jeune et facile, ces gens-là se croyaient tout permis : plusieurs habitans de Rouen eurent à se plaindre d'eux ; mais voici un fait plus grave que tous les autres. Le 2 mai, deux palefreniers des écuries de l'amiral de France, logés dans le faubourg Saint-Gervais, s'approchèrent d'un jeune homme nommé Cornelay, et l'un d'eux le pria de le débarrasser d'une paire de tenailles qu'il lui présentait en la tenant sans doute avec précaution. Le jeune homme crédule saisit les tenailles ; elles étaient brûlantes, il se blessa beaucoup la main , et, irrité par la douleur, il n'épargna pas les invectives aux insipides auteurs d'une si cruelle plaisanterie. Mais, quelques heures après, ces deux palefreniers, pour se venger peut-être des injures que Cornelay leur avait adressées, revinrent à cheval caracoler autour de lui en le bravant, et un des chevaux lui foula les pieds. Outré de ces mauvais traitements qu'il n'avait pas mérités, Cornelay asséna deux ou trois coups de bâton à un de ces insolens, qui tomba de cheval, mortellement blessé, et expira la nuit suivante. » Grande rumeur dans la maison du roi, comme on peut penser. D'un autre côté, « toute la ville s'intéressait vivement au sort de Cornelay ; de plus il était Normand, et les anciens de la ville, après avoir vu, pendant les vingt-cinq années de la domination anglaise, la fierte levée assez fréquemment par des Anglais, ne pouvaient plus souffrir qu'on la donnât à d'autres qu'à des gens de la province. » Pourtant les droits du chapitre étaient déjà méconnus. Malgré la suspension d'usage pour l'exécution des arrêts, la sentence fatale était rendue, une charrette était à la porte, le bourreau attendait. Les chanoines jugèrent un tel choix digne d'eux en cette circonstance, justement à cause de ces obstacles ; ils les surmontèrent, et Pierre Cornelay leva la fierte de miséricorde.

Les crimes les plus saillants par le jour qu'ils jettent sur les mœurs du temps, ou par quelque circonstance accompagnant comme ici l'élection du prisonnier, ont été choisis avec beaucoup de discernement par M. Floquet pour former le corps de son histoire. On y trouve avec étonnement un intérêt soutenu que semblait ne pas comporter la monotonie apparente du sujet. Puis, dans une liste générale, placée à la suite de l'histoire, il indique tous les prisonniers dont il a pu découvrir les noms, l'année où chacun d'eux a levé la fierte, les crimes dont ils étaient coupables. Cette liste, qui n'a plus d'interruption depuis la fin du quatorzième siècle, donne la plus juste idée des actes de violence commis presque journellement par cette noblesse qui ne quittait pas les armes et qu'excitaient à la vengeance et à la cruauté l'orgueil, la cupidité, les haines de famille, puis les guerres civiles et les dissensions religieuses. Ainsi alimentée, cette fureur semble plutôt s'accroître que diminuer jusqu'au dix-septième siècle. En lisant ces faits authentiques, on se félicite involontairement de vivre dans un temps où la sûreté de la vie et la douceur des mœurs ont remplacé de si grands excès.

Nous ne prétendons pas toutefois juger une époque seulement par les annales de ses crimes; mais l'ouvrage de M. Floquet montre les mœurs anciennes de Rouen, pour ainsi dire, sous toutes leurs faces. A côté de cette fière attitude des chanoines, qui comptent parmi leurs solliciteurs des princes, des rois et jusqu'à des papes, on voit des traits comme celui-ci :

Après un démêlé assez vif qui eut lieu en 1425 entre le chapitre et le lieutenant-général Poolin, celui-ci et les deux chanoines députés « sortirent ensemble de l'hôtel du président de l'échiquier, et on s'achemina vers les prisons. Mais dans une des rues qui y conduisaient était une taverne portant pour enseigne le *Lion d'Or*, et, soit que la chaleur fût grande ce jour-là, soit qu'on se fût altéré en exposant, de part et d'autre, ses raisons au président de l'échiquier, Poolin et les chanoines entrèrent de compagnie

dans cette taverne et burent ensemble; » ce
qui assurément montre peu de rancune de la
part de ces bons prêtres qui venaient de perdre
leur cause contre le lieutenant Poolin, ceci soit
dit à leur louange. Il y avait bien dans les statuts capitulaires un article qui défendait expres-
sément aux chanoines « d'aller boire à la ta-
» verne en habist d'église sous peine de dix sols
» d'amende, » et c'était en costume que nos deux
chanoines étaient entrés au *Lion d'Or*. Mais, si
le chapitre n'en sut rien, ou feignit de l'ignorer,
qu'avons-nous à dire?

Quelquefois des traits de gaîté, de licence ou
de bouffonnerie, donnent lieu à des peintures comiques, dont la scène est ou aux prisons, ou à la procession, ou au parlement, quelquefois même à la cathédrale. M. Floquet n'a
pas reculé devant la vérité, par un respect mal
entendu pour la religion, dont les hautes véri-
tés n'ont pas besoin de tels ménagements. Partout où il y a des hommes, on les trouve avec
leurs passions, et nous commençons à revenir
de cette disposition malveillante à faire une
arme contre l'église des fautes ou des travers
de ses ministres.

C'est surtout dans le morceau placé à la suite de l'histoire, et intitulé : *Description historique du cérémonial suivi à Rouen pour le privilége de Saint-Romain*, que l'on voit tous ces détails familiers qui donnent tant de couleur à l'histoire, et dont l'attrait avait fait imaginer les romans historiques. Mais cette manière-ci d'approfondir un point d'histoire particulier offre la vivacité des couleurs, soutenue par la solide réalité des faits. Dans ce livre, les Rouennais d'aujourd'hui trouvent la véritable physionomie de leurs aïeux, leur gaîté, leurs travers, leurs contestations, les rivalités du parlement et du chapitre dans les petites choses comme dans les grandes; enfin, il faut le dire, la gourmandise de ces deux graves compagnies, qui toutes deux avaient trouvé dans la cérémonie de la fierte l'occasion de festiner à l'envi; car, « dans ces temps reculés, dit M. Floquet, il n'y avait pas de bonnes fêtes sans un repas de corps. »

Celui du parlement portait le nom de *festin du cochon.* Les frais en étaient faits par le dernier conseiller reçu, et ils étaient tels, que ces magistrats se refusèrent quelquefois à supporter une pareille charge. Mais le parlement se borna souvent à leur allouer un supplément sur la recette des amendes ; et la dépense, au lieu de diminuer, allait en augmentant d'année en année ; peut-être aussi parce qu'elle suivait en partie les progrès du luxe et la valeur décroissante de l'argent. Quoi qu'il en soit, cette dépense finit par devenir si excessive, que Louis XIII se crut obligé d'écrire, en avril 1639, au parlement, pour l'engager à la supprimer. Il en résulta, non pas la suppression, mais la diminution de la dépense, et l'on décida que ce dîner ne pourrait pas excéder 600 livres, ce qui pourrait équivaloir à bien près de deux mille francs d'aujourd'hui. « Si un dîner qui coûtait six cents livres d'alors était réputé modeste, qu'était-ce donc que ces *grands disners* que le parlement déclarait abolir? »

Le dîner du chapitre, sans être aussi célèbre que celui du parlement, paraît n'avoir été guère plus frugal. Il est vrai qu'ils y admettaient quelquefois d'illustres convives. En 1575, le cardinal de Bourbon, dont la ligue fit plus tard un fantôme de roi sous le nom de Charles X, était archevêque de Rouen; et le chapitre, averti à l'avance qu'il serait du banquet, avait donné ordre « d'achepter des viandes les plus exquises qu'il se pourroit trouver. » Chaque chanoine amenait deux ou trois domestiques. « Lorsque tous les convives étoient à table, le chanoine qui étoit en tour d'officier, et qui le soir, fort tard peut-être, devoit célébrer la grand'messe, était obligé de venir dans la salle du banquet dire le *Bénedicite*; puis il se retiroit immédiatement, et ne revenoit que pour dire les grâces. » Comme le repas avait lieu dans la bibliothèque du chapitre (dont on admire l'élégant escalier dans le latéral gauche de la cathédrale), il terminait les grâces par ces mots : « Prions pour » l'ame de M. Pierre Acarie, qui a fondé cette » bibliothèque. »

Au reste, il ne faut pas s'étonner de ce luxe de table parmi les premiers personnages de la ville. « Chez tous les habitants de Rouen il y avait ce jour-là quelque chose d'*extra*; « il n'y » avoit, dit un ancien manuscrit, bourgeoys » tant paouvre fust-il, qui ne s'esgayast de ceste » grande et exhuberante grasce divine. »

« Au chapitre, au palais, dans les diverses prisons de la ville, dans les rues, à la Vieille-Tour, à Notre-Dame, à la Vicomté de l'Eau, en tous lieux enfin, il ne s'agissait que du prisonnier, il ne se parlait d'autre chose, rien ne se faisait, pour ainsi dire, qui ne se rapportât à ce héros de la fête. Les jours précédents il était venu de tous les points de la Normandie et des provinces voisines une foule de personnes attirées par le désir de voir ou de revoir la cérémonie ; mais la veille et le jour de l'Ascension l'affluence des arrivants redoublait encore. Si le temps était beau, tout le Vexin, tout le pays de Caux, accouraient comme en masse à la métropole. »

Terminons par ce trait tiré de la description de la procession. « On y voyait un bedeau vêtu d'une robe violette, portant au bout d'un bâton la figure en osier d'un dragon ailé que le peuple regardait comme la dépouille même de celui qu'avait anéanti saint Romain. La confrérie des *gargouillards*, qui l'environnait, avait ordre de se tenir à une assez grande distance de l'archevêque, non sans sujet ; car aussitôt que le bas peuple apercevait ce dragon, il éclatait en cris de joie, en acclamations bruyantes, à n'entendre point Dieu tonner. Comme si ce n'eût pas été assez que de produire en public cette grotesque image, les gargouillards ne manquaient pas de lui mettre dans la gueule tantôt un jeune renard, tantôt un lapin, tantôt un petit cochon de lait vivant, dont les cris glapissants divertissaient infiniment le peuple. Mais qu'était-ce que cela? De mauvais plaisants ne s'emparèrent-ils pas, un jour, du petit cochon de lait, prêt à figurer dans la gueule du dragon! et vite de lui offrir du lait doux mêlé de jalap, dont le glouton ne se fit pas faute, comme on peut croire. Voilà cette petite bête dans la gueule du monstre, criant d'abord et se démenant fort; vient enfin le moment de la crise : le dénoûment fut tel qu'on avait dû l'attendre; se sauva qui put; le pauvre bedeau porte-gargouille était le seul qui ne put s'enfuir; aussi paraît-il qu'il fut pris. Apparemment ceci était une ruse des confrères de Saint-Romain qui voulaient qu'on cessât de porter les deux gargouilles. »

M. Floquet a encore consacré à l'histoire de cette confrérie un morceau fort curieux où l'on trouve, entre autres détails, des renseignements d'un grand intérêt sur la coutume de Normandie au sujet de la lèpre.

Enfin ce beau travail, indépendamment de

tous ces compléments et des pièces justificatives, imprimées avec une correction très-remarquable, a atteint toute la perfection que puisse avoir un livre d'histoire, par l'addition de deux autres morceaux dont l'amitié littéraire de deux savants de Rouen a permis à M. Floquet d'enrichir encore son ouvrage. L'un est une notice sur l'origine de la châsse ou fierte de Saint-Romain, par M. Deville, pour qui cette dissertation a été comme un corollaire de son savant ouvrage sur les tombeaux de la cathédrale de Rouen. L'autre est une description de cette châsse par M. Langlois. Cet habile artiste y a joint la description de la chapelle de Saint-Romain ou Besle de la Vieille-Tour. Il est inutile d'ajouter que ces morceaux ont le triple mérite de la finesse des aperçus, d'une connaissance profonde de l'archéologie et du style le plus pur.

C'est encore à M. Langlois et à mademoiselle sa fille que sont dues les excellentes gravures, planches, vignettes et lettres grises qui ornent ces deux superbes volumes, dont l'exécution pourrait être opposée à ce que Paris offre de plus beau en ce genre.

HISTOIRE

SAINTE ÉLISABETH DE HONGRIE,

DUCHESSE DE THURINGE;

PAR M. LE COMTE DE MONTALEMBERT,

PAIR DE FRANCE.

C'est une délicate entreprise pour la critique profane d'analyser un livre de piété, quels que soient ses autres mérites ; car, pour le faire connaître convenablement, il faut éviter à la fois le scandale d'un jugement téméraire et l'inexactitude d'un jugement tronqué. Il est facile de rendre hommage à la féconde érudition dont M. le comte de Montalembert présente le riche développement dans son histoire de sainte Élisabeth de Hongrie ; mais il faudrait un zèle aussi ardent que le sien pour le juger d'une manière qui fût avouée de lui. Du moins est-il indispensable de constater cette tendance du jeune écrivain catholique. Il dit en parlant des miracles de sainte Élisabeth : « Nous avons cherché à les reproduire avec la même exactitude que nous avons mise dans le récit de tout le reste de sa vie. La seule pensée de les omettre ou même de les pallier, de les interpréter avec une adroite modération, nous eût révolté. C'eût été à nos yeux un sacrilége que de voiler ce que nous croyons la vérité pour complaire à l'orgueilleuse raison de notre siècle : c'eût été une inexactitude coupable, car ces miracles sont racontés par les mêmes auteurs, constatés par la même autorité que tous les autres événements de notre récit, et nous n'aurions vraiment pas su quelle règle suivre pour admettre leur véracité dans certains cas et la rejeter dans d'autres. C'eût été enfin une hypocrisie, car nous avouons sans détour que nous croyons de la meilleure foi du monde à tout ce qui a jamais été raconté de plus miraculeux sur les saints de Dieu en général et sur sainte Élisabeth en particulier. »

M. de Montalembert est donc un hagiographe ; il a toute la foi des hagiographes an-

ciens ; et pourtant l'histoire de sainte Élisabeth de Hongrie ne s'adresse pas seulement
aux simples et dévots lecteurs de la *Vie des
Saints*. C'est, comme nous allons essayer de le
prouver, une des lectures historiques à la fois
les plus attachantes et les plus instructives que
puisse faire quiconque n'y apportera pas une
prédisposition voltairienne, un parti pris de
sarcasme et de mépris pour tout ce qui est
marqué du signe de la croix. Il suffira de ne
pas admettre en toute humilité l'arrêt du philosophisme qui condamne à l'absurde tous les
siècles de foi et d'enthousiasme religieux, pour
accueillir avec empressement l'écrivain qui
peut nous y introduire, parce qu'il en a la clef ;
cette clef, c'est la sympathie religieuse. Sûr de
comprendre ainsi les siècles de foi, M. de Montalembert a mis en œuvre toutes les notions que
lui ont fournies une instruction variée, de nombreux voyages, la connaissance des langues et
des littératures de l'Europe. Dans toute cette
période du moyen-âge vivifiée par le sentiment
religieux, il s'est attaché au treizième siècle, où
ce caractère lui a paru le plus saillant par le
pouvoir suprême des papes, le zèle pour les

II.   20

croisades et la fondation des ordres religieux les plus célèbres. En ce siècle, la haute influence de plusieurs saints illustres dans les fastes de l'Église offrait à ces considérations une transition naturelle à l'histoire de sainte Élisabeth de Hongrie. De là, une introduction qui place sous son véritable jour cette pieuse biographie, en commençant par exposer l'ensemble de son époque. Dans ce moyen-âge aux institutions fortes et compactes, pas de ces individualités isolées des temps modernes; tout se tient dans cette société hiérarchique et solidaire. Aussi, à l'occasion de la sainte duchesse de Thuringe, M. de Montalembert a-t-il été en droit de tracer à grands traits un tableau du catholicisme au treizième siècle; et alors le catholicisme en Europe, c'est la société tout entière.

Que l'auteur ait entouré d'une auréole trop brillante les grandes figures des souverains pontifes, c'est ce qu'il semble, nous l'avouons, à la première lecture de cette savante introduction. Mais, pour entreprendre de réfuter un écrivain qui appuie toutes ses assertions de recherches dont les sources sont scrupuleusement indiquées, il faudrait puiser dans un travail non moins complet les armes de la réfutation.

Nous sommes persuadé qu'une telle réfutation, pour être juste, n'irait pas au-delà de quelques modifications ; car, nous le répétons, aucun autre point de vue ne pourra jamais faire bien juger la société de ce temps-là.

Quant à l'importance de ce morceau, placé comme introduction au-devant de la vie de sainte Élisabeth, au lieu de critiquer la disproportion du portique avec le monument, nous signalerons la judicieuse séparation que l'auteur a mise entre deux choses trop souvent confondues. L'étude approfondie d'un sujet spécial, même assez restreint, fournit toujours une abondante variété de matériaux, dont l'examen et la comparaison donnent lieu à des vues générales. Si, pour ne pas en perdre l'emploi, on cherche à les faire ressortir du sujet particulier auquel on a pu les rattacher seulement par quelque côté, il résulte de cet effort un de ces ouvrages sans proportions, où la moindre matière entraîne des déductions à perte de vue.

M. de Montalembert, en séparant son tra-

vail en deux parties, a évité cet écueil. Arrivé
à l'histoire de sainte Élisabeth, il se renferme
dans le sujet, sans se permettre rien qui res-
semble à une digression, pendant quatre cents
pages grand in-8°, scrupuleusement remplies.
Le soin avec lequel il a rassemblé sur ce sujet
tous les matériaux dont il a pu se procurer l'indication rend cette monographie complète;
l'abondance de ces matériaux prouve le grand
rôle que joua, en effet, la mémoire de la sainte,
et justifie ainsi l'importance historique que l'auteur reconnaît à son histoire, quand il dit du
treizième siècle que « l'histoire même purement profane d'une ère si importante dans les
destinées de l'humanité ne pouvait que gagner
en profondeur et en exactitude par les recherches particulières qui porteraient sur les objets
des plus ferventes croyances et des plus chères
affections des hommes de ce temps. Nous osons
dire, ajoute-t-il, que dans l'histoire du moyen-
âge il y a peu de biographies qui prêtent mieux
que celle de sainte Élisabeth à une étude semblable. »

Le haut rang de cette femme contribua,
comme on peut le penser, à donner un grand

retentissement à ses vertus chrétiennes, qu'on pourrait dire avoir été excessives. Fille d'André II, roi de Hongrie, et de Gertrude de Méranie, sa femme, elle était née en 1207 à Presbourg. Fiancée, dès l'âge de quatre ans, à Louis, fils aîné de Hermann, duc de Thuringe et de Hesse et comte palatin de Saxe, elle fut envoyée immédiatement à la cour de ce prince, où elle fut élevée avec le plus grand soin, puis mariée à treize ans avec le duc Louis, âgé de vingt ans et devenu successeur de son père. Cette union, présentée avec une vive éloquence par M. de Montalembert comme le plus parfait modèle d'un mariage chrétien, fut favorisée de toutes les prospérités, excepté d'une longue durée. La jeune duchesse, après avoir donné le jour à quatre enfants, deux garçons et deux filles, se trouva veuve à l'âge de vingt ans, par la mort du duc Louis, qui avait accompagné l'empereur à la croisade. Ici les légendes nous paraissent avoir beaucoup exagéré la position déplorable à laquelle fut réduite Élisabeth par la félonie de son beau-frère, le landgrave Henri, qui la chassa du palais avec ses enfants, dont il voulait usurper l'héritage. La fille du roi de Hongrie, la

souveraine de Thuringe, implorant de porte en
porte la pitié pour elle et ses petits enfans,
dans sa capitale d'Eisenach, théâtre de son immense charité, obligée de jeûner plusieurs jours,
ne trouvant d'asile que dans une étable à co-
chons, voilà de ces détails où il est difficile de
ne pas reconnaître le goût du peuple pour le
récit des grands contrastes de la fortune. La
critique ne peut donc laisser passer intacte cette
partie de la vie de la sainte duchesse.

Le prince évêque de Bamberg, son oncle, la
recueille dans ses états, et veut lui faire épou-
ser l'empereur. Mais elle s'y refuse, voulant
rester fidèle au vœu de continence perpétuelle
qu'elle avait fait, si elle devenait veuve. Cependant les seigneurs thuringiens qui avaient accompagné le duc Louis à la croisade reviennent
en Thuringe, après avoir accompli leur sainte
expédition, et y rapportent avec une grande
solennité le corps de leur souverain. Là sont
de bien intéressantes notions sur cette chevalerie allemande du treizième siècle. L'indépendance de ces fiers barons s'exprime avec une
noblesse et une générosité admirables dans le
discours que le sire de Varila, grand échanson,

adressa au landgrave Henri pour lui reprocher sa félonie. C'est un morceau dont M. de Montalembert a démontré avec soin l'authenticité, déjà prouvée en Allemagne par le savant M. de Raumer. L'amour de la justice et de l'honneur n'a peut-être jamais inspiré de plus éloquentes paroles ; mais c'est une éloquence du cœur, telle qu'on peut l'attendre d'un brave chevalier, parlant au nom de cette noblesse à qui le voyage en Terre-Sainte donnait un ascendant dont elle faisait le plus digne usage, par cette protection courageuse accordée à la veuve et à l'orphelin. Nous voudrions pouvoir citer ici en entier ce beau morceau, comme l'a fait M. de Montalembert. « Nous avons donné au long cette harangue, dit-il, afin de montrer quelle était la servilité de la noblesse chrétienne dans ces siècles de ténèbres et d'oppression. Ils étaient certes bien en arrière de celui où le maréchal de Villeroi montrait à Louis XV enfant le peuple assemblé sous ses fenêtres, en lui disant : *Mon maître, tout cela est à vous.* »

Si ces paroles de Villeroi à Louis XV contribuèrent à développer de mauvais penchants chez le jeune monarque, nous allons voir que

celles du sire de Varila au landgrave Henri eurent, en sens inverse, encore plus d'efficacité.
Laissons encore parler notre jeune historien :
« Tous les assistants s'étonnaient de l'extrême
hardiesse des paroles du noble chevalier ; mais
Dieu sut s'en servir pour toucher un cœur depuis long-temps inaccessible aux inspirations
de la justice et de la pitié. Le jeune prince, qui
était resté muet jusque là, fondit en larmes, et
pleura long-temps sans répondre, puis il dit :
« Je me repens sincèrement de ce que j'ai fait ;
» je n'écouterai plus jamais ceux qui m'ont
» conseillé d'agir ainsi : rendez-moi votre con-
» fiance et votre amitié ; je ferai volontiers tout
» ce que ma sœur Élisabeth exigera de moi ;
» je vous donne plein pouvoir de disposer pour
» cela de mes biens et de ma vie. » Le sire de
Varila lui répondit : « C'est bien, c'est le seul
» moyen d'échapper à la colère de Dieu. » Cependant Henri ne put s'empêcher d'ajouter à
voix basse : « Si ma sœur Élisabeth avait à elle
» toute la terre d'Allemagne, il ne lui en reste-
» rait rien, car elle la donnerait tout entière
» pour l'amour de Dieu. »

Cette charité sans bornes était, en effet, avec

son humilité, le point le plus saillant du caractère d'Élisabeth. Elle s'y livra sans réserve dans sa retraite de Marbourg, ville que lui donna comme douaire le landgrave Henri. Non contente de pratiquer toutes les œuvres de miséricorde, elle voulut s'imposer les privations du plus misérable de ses sujets, demeurer dans une hutte de terre, et ne vivre que du produit de sa quenouille. Aux rigueurs de la règle de saint François qu'elle adopta bientôt, marchant toujours pieds nus et ceinte d'une corde, elle joignit toutes les austérités qu'elle put imaginer. En vain le roi son père, apprenant le misérable état où elle vivait, chercha-t-il à la ramener à une existence plus conforme à son rang; elle fut sourde aux prières de l'ambassadeur, et ne fit que rendre plus excessives ses mortifications. Elle s'attacha surtout à vaincre tous les sentiments humains les plus légitimes, avec un acharnement de piété, s'il est permis de s'exprimer ainsi, qui alla toujours en croissant jusqu'à sa mort, arrivée le 19 novembre 1231, à l'âge de vingt-quatre ans.

Les peuples, frappés d'une existence aussi extraordinaire, eurent pour sa mémoire une

espèce d'idolâtrie, qui fut, pendant trois siècles, le culte le plus populaire de l'Allemagne.
Elle fut canonisée avec une grande pompe par
le pape Grégoire IX. C'était du prédécesseur
de ce pontife qu'elle avait reçu pour directeur
un homme qui développa chez elle l'exagération
de la piété. Il nous est impossible de partager,
sur le compte de ce directeur, appelé maître
Conrad de Marbourg, l'indulgence de M. de
Montalembert; et nous avouons que le récit,
exempt de blâme, de ses brutalités ignobles et
même féroces nous a causé, à cet endroit du livre, une indignation qui a failli nous en faire
abandonner la lecture. La tyrannie que ce misérable exerçait sur son illustre pénitente, quoique comprimée du vivant de son mari, se ma-
nifestait déjà par des actes dont il nous suffira
de citer un seul.

« Un jour il la fit appeler pour l'entendre
prêcher ; mais elle se trouva en ce moment retenue par sa belle-sœur, la margravine de Mis-
nie, qui était venue lui faire visite, et elle ne
se rendit pas à son invitation. Irrité de sa désobéissance et de ce qu'elle avait ainsi manqué de
gagner l'indulgence de vingt jours, que le pape

avait accordée à tous ceux qui assisteraient à ses sermons, il lui fit dire que désormais il renonçait à avoir soin de son ame. Mais le lendemain matin elle courut auprès de lui, et le conjura avec les plus vives instances de revenir sur cette cruelle résolution et de lui pardonner sa faute. Il la refusa d'abord avec dureté; elle se prosterna à ses pieds, et après l'avoir long-temps supplié dans cette posture, elle obtint enfin sa grâce, moyennant une sévère pénitence qui lui fut imposée ainsi qu'à ses filles d'honneur, à qui Conrad imputa une portion de sa désobéissance. »

Ici l'auteur, contre son usage, n'a pas présenté fidèlement cette dernière circonstance, mais hâtons-nous d'ajouter que c'est à sa parfaite exactitude dans la citation des sources que nous devons les moyens de relever cette erreur. Le texte latin qu'il cite à l'appui de ce passage de son histoire dit : « Cette fille d'un roi se pro- » sterna humblement à ses pieds, obtint son par- » don ; mais il fit tomber le châtiment sur ses sui- » vantes, qu'il frappa durement. » Nous voyons donc ce brutal fanatique, n'osant rendre encore la princesse victime de ses mauvais traitements, faire retomber sa colère sur les filles d'honneur. Mais lorsque, retirée à Marbourg, Élisabeth, dans son exaltation ascétique, se rapprochait encore plus, par tous les genres d'abnégation, de la perfection religieuse telle que l'entendait son siècle, alors ce Conrad emploie pour la tourmenter des raffinements dont nous sommes étonné que l'odieuse tyrannie n'ait pas été sentie par un esprit aussi délicat que celui de notre historien. Tout autre motif, en effet, n'eût pu engager Conrad à défendre l'aumône à Élisabeth, à la souffleter pour avoir enfreint cette défense, à lui interdire toute communication avec ses enfants, puis à lui donner, une fois, la permission d'entrer dans un couvent où était sa fille, couvent dont on ne pouvait franchir la clôture sans encourir l'excommunication, et à la punir ensuite, à grands coups de bâton, de ce guet-apens où il l'avait livrée. Un autre jour qu'à la même époque elle manqua encore à l'un de ses sermons, retenue par les soins qu'elle donnait à des malades, ce ne fut plus sur les suivantes que tomba sa *sévérité*; il la roua tellement de coups, que ses femmes venant pour la consoler virent *le sang couler à travers ses vêtements.* « Elles lui

demandèrent comment elle avait pu supporter
tant de coups, Élisabeth leur répondit en sou-
riant : « Pour les avoir endurés avec patience,
» Dieu m'a permis de voir le Christ au milieu
» de ses anges ; car les coups du maître m'ont
» envoyée jusque dans le troisième ciel. » On
rapporta cette parole à Conrad, qui s'écria :
« Alors je me repentirai toujours de ne l'avoir
» pas envoyée jusque dans le neuvième ciel. »
Et c'est là l'homme dont l'auteur a pu dire :
« Il ne s'appliquait, en quelque sorte, qu'à lui
rendre dure et épineuse la voie du salut, afin
qu'elle parût devant son juge éternel revêtue
de plus de mérites. »

Il nous semble, à nous, qu'une critique sé-
rieuse ne pouvait se dispenser de signaler ici
l'absence d'un blâme énergique. Non, ce ne
sont point là des choses que la différence des
temps puisse justifier, comme le prétend l'auteur. Elles contribuent sans doute à nous faire
connaître une époque où l'on pouvait gagner
avec une telle conduite la réputation d'un *saint
homme ;* mais c'est là un monstrueux caractère
de l'époque, et il fallait le dire nettement.

Pour achever de faire connaître ce Conrad,

ajoutons qu'il exigea la séparation de la princesse d'avec deux fidèles compagnes aussi pieu-
ses qu'elle, attachées à sa personne depuis sa
plus tendre enfance, et qui ne l'avaient jamais
quittée dans les vicissitudes de sa fortune si
inégale. « Il lui sembla, dit à ce propos un pieux
historien, que son cœur était déchiré en deux ;
et cette fidèle servante de Dieu en conserva la
douleur jusqu'à sa mort. »

Après de pareils traits, on peut dire, sans témérité, il nous semble, que cette mort préma-
turée fut due en grande partie à Conrad. On
va voir son dernier raffinement : « La victime,
dit M. de Montalembert, restée ainsi seule avec
le Dieu auquel elle s'était immolée, n'eut pas
même la consolation de cette solitude entière.
Conrad remplaça ses compagnes chéries par
deux femmes d'un genre fort différent. L'une
était une fille du peuple, assez dévote, nommée
Élisabeth, comme elle, mais rude et grossière à
l'excès et si horriblement laide qu'elle servait
d'épouvantail aux enfants. L'autre était une
veuve âgée, sourde, d'un caractère acariâtre et
revêche, toujours mécontente et en colère.....
Ces deux femmes la mettaient chaque jour à

l'épreuve et l'accablaient de mauvais traitements. »

Nous n'avons pas craint d'adresser franchement ces critiques à une biographie qui, outre la grande érudition de l'auteur, est pleine de naturel et de vérité dans tous les détails. Nous ne savons, du reste, si la lecture fera naître chez d'autres une réflexion qu'elle nous a inspirée plus d'une fois : c'est que sainte Élisabeth de Hongrie joignait à son excessive piété quelques traces d'aliénation mentale, surtout depuis la mort de son mari. Quant à ce duc, tout ce qu'en rapporte la même histoire donne de lui l'idée du prince chrétien le plus accompli. Un autre personnage, dont on comprend aisément la situation, et dont l'esprit calme et sensé, le cœur accessible aux sentiments naturels modérés, s'opposent assez bien aux exagérations continuelles d'Élisabeth, est la duchesse Sophie, sa belle-mère. Elle souffre souvent avec patience de voir sa bru oublier, comme elle le fait, les convenances de son rang; mais plus tard, quand Élisabeth est malheureuse, elle lui rouvre son cœur de mère. Un des endroits où la situation respective de ces deux femmes se

trouve le mieux rendue et qui résume peut-être
le mieux les véritables beautés du sujet choisi
par M. de Montalembert est le trait suivant :

« Le landgrave étant allé passer quelques
jours à son château de Naumbourg, Élisabeth
resta à la Wartbourg, et employa le temps que
son mari devait être absent à soigner avec un
redoublement de zèle les pauvres et les malades,
à les laver elle-même, à les vêtir des habits
qu'elle leur avait faits, malgré le mécontente-
ment qu'en témoignait hautement la duchesse-
mère Sophie. Mais la jeune duchesse ne tenait
que fort peu de compte des plaintes de sa belle-
mère. Parmi ces malades il y avait alors un pauvre petit lépreux nommé Hélias ou Hélie, dont
l'état était si déplorable que personne ne voulait plus le soigner. Élisabeth seule, le voyant
abandonné de tous, se crut obligée de faire plus
pour lui que pour tout autre ; elle le prit, le
baigna elle-même, l'oignit d'un onguent salutaire, et puis le coucha dans le lit même qu'elle
partageait avec son mari. Or il arriva justement
que le duc revint au château pendant qu'Élisabeth était ainsi occupée. Aussitôt sa mère courut au-devant de lui, et comme il mettait pied

à terre, elle lui dit : « Cher fils, viens avec
» moi, je veux te montrer une belle merveille de
» ton Élisabeth.—Qu'est-ce que cela veut dire?
» dit le duc.—Viens seulement voir, reprit-elle,
» tu verras quelqu'un qu'elle aime bien mieux
» que toi. » — Puis, le prenant par la main, elle
le conduisit à sa chambre et à son lit, et lui dit :
« Maintenant regarde, cher fils, ta femme met
» des lépreux dans ton propre lit, sans que je
» puisse l'en empêcher : elle veut te donner la
» lèpre, tu le vois toi-même. » En entendant
ces paroles, le duc ne put se défendre d'une
certaine irritation, et enleva brusquement la
couverture de son lit. Mais, au même moment,
selon la belle expression de l'historien, le
Tout-Puissant lui ouvrit les yeux de l'ame, et,
au lieu du lépreux, il vit la figure de Jésus-
Christ crucifié, étendue dans son lit. »

Nous désirons que cette analyse d'une étude
si profonde sur l'époque la plus remarquable
du moyen-âge en fasse entreprendre la lecture
à d'autres qu'aux personnes à qui elle s'adresse
naturellement, à savoir les hommes de piété et
d'érudition : pour ceux-là, le nom de l'auteur
est une recommandation plus que suffisante.

UNE

LETTRE INÉDITE DU PÈRE COTTON.

Ce serait une grande et importante composition qu'une histoire politique des jésuites, faite avec science, talent et impartialité. Mais les matériaux en seraient innombrables. L'année 1834 a été la trois-centième depuis la fondation de cette célèbre société. Pendant ces trois cents ans, elle a joué à elle seule un plus grand rôle dans la politique de notre globe que tous les autres ordres religieux, dont la plupart lui étaient antérieurs de bien des siècles. « Comme chaque temps et chaque génération, dit Mézeray, a ses goûts et ses productions, ce seizième siècle fut très-fertile en congrégations de clercs réguliers, qui sont comme une espèce mitoyenne entre les moines et les prêtres séculiers. » Cette position était la plus favorable à une association religieuse qui avait résolu de devenir, en quelque sorte, la cheville ouvrière de la société tout entière et le ressort caché des gouvernements. La liberté dont jouissaient ces religieux leur permettait de connaître le monde et de prendre part à ses affaires; d'un autre côté leur réunion sous un seul chef, auquel ils reconnaissaient un pouvoir absolu, donnait une force et un ensemble extraordinaires à toutes leurs entreprises.

Le siècle de leur fondation est peut-être celui où ils ont joué le rôle le plus difficile et le plus actif. La solidarité qu'ils avaient si savamment établie entre eux et la cour de Rome les mit tout d'abord au premier rang sur la scène du monde. Mais, dans les temps orageux où ils débutèrent, les fureurs de la ligue ne tardèrent pas à invoquer les foudres du Vatican contre le faible Henri III, et les jésuites eurent parmi leurs premiers docteurs des apologistes du régicide; doctrine qui paraîtrait n'avoir jamais été entièrement abandonnée dans cette société, habituée à ne pas chercher hors d'elle-même ses modèles, ses traditions et ses règles de conduite.

Il est plus que probable que pendant les deux siècles derniers les partisans de ces odieuses maximes furent en très-petit nombre dans la société de Jésus ; mais il n'en était pas de même sous Henri IV, dont les contemporains étaient également les contemporains de la ligue et de ses fureurs. Les jésuites se trouvèrent évidemment compromis dans le procès de Jean Châtel, dont l'attentat eut lieu le 27 décembre 1594. Le P. Guignard, sous qui avait étudié cet assassin, et dans les papiers duquel on trouva, à cette occasion, des propositions régicides formulées de la manière la plus explicite, fut pendu le 7 janvier 1595 ; et le même jour tous les jésuites de Paris, au nombre de trente-sept, furent bannis à perpétuité, avec tous les étudiants du collége de Clermont et le père de Jean Châtel, dont la maison fut rasée ; à la place, fut élevée une pyramide, chargée d'inscriptions rappelant les attentats des jésuites. Déjà deux ans auparavant Pierre Barrière, à l'instigation du jésuite Varade, avait fait une tentative d'assassinat sur Henri IV, le prince à la vie duquel on ait le plus attenté. Aussi, dans un pamphlet publié à sa mort contre les jésuites, et sur lequel je reviendrai tout-à-l'heure, on dit : « Le feu roy, prince qui n'avoit jamais eu peur en guerre, avoit peur de ces gens, en paix. M. le duc de Sully peut estre témoin que dissuadant au roy le rappel des jésuistes, le roy luy respondit : *Assurez-moi donc ma vie.* »

Henri IV est bien plus célébré par ses contemporains pour son courage, sa politique, son éloquence, la finesse et la supériorité de son esprit, que pour cette bonhomie et cette franchise dont la postérité, en s'éloignant, a fait le principal trait de son caractère. Peut-être, en effet, chercha-t-il, dans le rappel des jésuites et les faveurs dont il les combla, un moyen de garantir sa vie, en se les attachant par leur propre intérêt, d'accord avec la conservation d'un prince dès lors leur partisan déclaré. Mais il est impossible d'avoir exploité avec plus d'habileté ce sentiment, et même, à ce qu'il paraît, de lui-avoir ôté peu à peu ce qu'il avait d'odieux, que ne le fit le célèbre père Cotton. Ici je laisserai parler Mézeray, historien peu favorable à la société de Jésus.

« L'ignominie du bannissement des jésuites servit à accroistre la gloire de leur rappel, et à leur procurer un plus grand establissement. Car, outre dix ou douze collèges qu'ils avoient auparavant, ils en eurent bientôt neuf ou dix autres dans les meilleures villes du royaume... Et cette condition de l'édict, qui les obligeoit *de tenir à la suite du roy un des leurs, qui fût François, et suffisamment autorisé parmy eux pour luy servir de prédicateur et pour respondre des actions de la Compagnie*, au lieu de les noter, comme se l'imaginoient ceux qui l'y avoient fait apposer, leur a produit le plus grand honneur qu'ils pouvoient désirer ; car elle les a mis en possession de donner des confesseurs au roy.

Le père Cotton fut le premier des leurs qui occupa cette place : tous les gens de bien en eurent beaucoup de joye, s'imaginant qu'il n'auroit point de connivence pour les amours du roy, et qu'il employeroit avec la douceur et l'adresse, toute la force de son ministère, qui certes y estoit très-nécessaire, pour le guérir d'une infirmité qui luy estoit passée en habitude. Il ne manquoit pas des qualités propres pour réussir heureusement à la cour et dans le monde : son accortise, sa complaisance et son habileté à profiter des temps et des occasions l'insinuèrent bien avant dans les bonnes grâces du roy et quelquefois même dans ses secrètes pensées.

» Je diray tout d'une suite que le crédit de ces Pères fut si grand à la cour, que l'année suivante (1605) ils obtinrent encore du roy la démolition de cette pyramide, sur une des faces de laquelle estoit gravé l'arrest de la condamnation de Chastel et de leur bannissement, et sur les trois autres des inscriptions en prose et en vers qui leur estoient fort injurieuses. Pour oster cette flétrissure de dessus le front de la Société, il fallut abattre le monument qui faisait détester le parricide... On mit en place de cette pyramide le réservoir d'une fontaine, dont toutes les eaux ne sauroient jamais effacer la mémoire d'un crime si horrible. »

C'est au sujet de ces faveurs royales que le père Cotton écrivait en 1603 au père Moussy, jésuite de Poitiers, une lettre jusqu'à ce jour inédite et dont l'original a été trouvé récemment dans les archives de la préfecture de Poitiers par M. Louis Rédet, un des élèves les plus distingués de l'école des chartes, envoyé comme archiviste par M. Guizot dans le dépar-

tement de la Vienne, où il a déjà recueilli plusieurs pièces historiques d'un haut intérêt.
Celle-ci, que M. Rédet nous a autorisé à publier,
paraîtra sans doute de ce nombre à nos lecteurs :

« Mon révérend Père,

» Pax Christi.

» Votre Révérence recevra les lettres que le
» Roy escript à Monsieur l'évesque de Poytiers
» et aux maire et eschevins de ladicte ville pour
» les porter à fonder promptement le collége de
» notre compagnie en ladicte ville. J'estime que
» cella servira de beaucoup, ne fust que pour
» le contentement de Sa Majesté, qui ne cesse de
» nous obliger, ayant ordonné que la pyramide
» sera razée, et donne six mille escus de rente
» annuelle à La Flèche, et six mille livres à
» Rouen, sans les trente mille escus qu'il a don-
» nés pour une fois au collége de Rennes, jusques
» à dire que, s'il eust esté homme de lettres, qu'il
» se fust faict jésuite. Dieu nous le conserve et
» luy accroisse ses bénédictions. Monsieur de
» Rosny s'est esclaircy du faux bruict pour le-
» quel assopir j'ay faict veoir à qui j'ay deu les
» lettres de Votre Révérence et de messieurs à

» qui j'escritz. *Macte animo, mi pater ; regium est*
» *bene agere et male audire* [*]. Je me recommande
» grandement aux saincts sacrifices de Votre Ré-
» vérence. Nous avons icy son hoste, de qui je
» suis, comme de vous, mon révérend Père,

» Serviteur très-humble selon Dieu,

» A Paris, ce 8 mars 1605.

» PIERRE COTON. »

On peut remarquer dans cette lettre, que
nous venons de reproduire fidèlement avec son
orthographe, que le père Cotton écrivait son
nom avec un seul *t*. Il est toujours écrit de
cette manière par le père Rouvier dans son livre intitulé *de Vita Petri Cotonis* (Lyon, 1680,
in-8°), et dans la vie du même, écrite en français par le père d'Orléans (Paris, 1688, in-4°);
mais, par une tendance assez ordinaire à altérer
l'orthographe des noms propres qui sont significatifs, il est reçu d'écrire ce nom comme le
nom anglais *Cotton*, qui a été porté en Angleterre par plusieurs personnages distingués. La

____

[*] C'est-à-dire : *Courage, mon père ; c'est le sort des rois
de bien agir, et d'être mal jugés.*

véritable orthographe de celui de notre jésuite rendait tout-à-fait exacte une plaisanterie spirituelle faite au sujet de sa grande faveur près de Henri IV. On disait que *le roi avait du coton dans les oreilles.*

Il est certain que ce prince ne cessa de témoigner à son confesseur estime, confiance et amitié. Le père d'Orléans et le père Rouvier en rapportent beaucoup de traits qui se trouvent aussi ailleurs.

Le père Cotton témoigna la plus vive douleur à la mort de Henri IV ; et ce fut lui qui fut chargé de porter à La Flèche son cœur, qu'il avait légué aux jésuites de cette ville. Marie de Médicis le nomma en même temps confesseur de Louis XIII ; et, après avoir fait détruire, comme nous l'avons vu, la pyramide commémorative de l'attentat de Jean Châtel, il eut assez de crédit pour faire enlever même la fontaine érigée à la place, parce que le prévôt des marchands Myron y avait fait inscrire un distique qui rappelait indirectement le premier monument. Enfin il en existait une gravure dont il fit briser la planche.

Ce jésuite dut être un homme d'une bien

grande habileté. Car ce moment de l'apogée de sa faveur était en même temps pour lui celui du plus terrible orage. Comme il revenait de La Flèche, on répandait à profusion dans Paris contre lui et la Société un des pamphlets les plus violents qui aient jamais été publiés. Il est intitulé *Anticoton ou réfutation de la lettre déclaratoire du Père Coton; livre où est prouvé que les Jésuites sont coupables et autheurs du parricide exécrable commis en la personne du Roy Très-Chrétien Henri IV, d'heureuse mémoire. Dédié à la Royne.* Dès le commencement de la dédicace on lit : « Si, comme remarque le père Coton au commencement de son épître déclaratoire, il estoit défendu de faire bouillir le chevreau au laict de sa mère, à plus forte raison sera-t-il illicite de mettre le fils entre les mains teinctes du sang de son père. »

Une aussi épouvantable accusation ne m'a pas paru, à beaucoup près, je dois le dire, appuyée de preuves convaincantes. Quelques détails ici ne seront pas inutiles. L'assassinat de Henri IV par Ravaillac concordait bien malheureusement avec la publication d'un livre du jésuite espagnol Mariana, contenant la doctrine du régicide dans toute sa pureté. Cette concordance, signalée au public par les adversaires des jésuites, souleva contre eux une indignation générale. Le père Cotton, qui était en France l'homme le plus en évidence de la compagnie, se crut obligé de publier une lettre déclaratoire où il désapprouvait les principes du père Mariana. Mais il le fit avec une mollesse qu'on était en droit de ne pas attendre du confesseur et de l'ami du roi assassiné. Sans doute il fut forcé à ces ménagements intempestifs, par l'obéissance à l'autorité de son général, dont le livre de Mariana avait l'approbation. Ce pouvoir immense du général est en effet le plus fort grief et l'argument le plus solide que contienne l'*Anticoton*. « Je trouve, y est-il dit, que ce Polonois avoit raison qui disoit que la société des Jésuites est une espée à qui la France sert de fourreau ; mais la poignée est en Espagne ou à Rome, où est le général des Jésuites. » Il prouve assez logiquement que ce général étant espagnol pouvait ordonner dans un autre pays à quelque jeune fanatique de son Ordre le meurtre d'un souverain ennemi de l'Espagne. Il se demande à ce sujet ce que font les jésuites de leurs immenses richesses, et s'ils ne les emploient pas, en grande partie, à ces nombreux et secrets messages, destinés à établir de sûres et rapides communications entre le général et tous les points du monde catholique, de manière à lui faire connaître parfaitement l'état des différents pays et tout le personnel de son Ordre.

Comme rien ne serait plus injustement absurde que de prétendre qu'il n'y eut pas chez les jésuites beaucoup de personnages d'une véritable piété, on peut supposer que leur général, quand c'était un homme à qui les crimes ne coûtaient rien, savait très-bien s'adresser à des gens avec qui il pût s'entendre. Les hommes respectables de sa Société avaient un autre emploi, celui de faire rejaillir sur l'Ordre entier, par l'édification de leur conduite, la considération qu'ils méritaient. Mais on ne s'adressait pas à eux pour de pareilles missions.

Sans prétendre que le père Cotton, homme de cour, homme d'intrigues politiques fût un personnage d'une pureté sans tache, on peut affirmer qu'il n'était pas un monstre, complice de l'assassinat de son bienfaiteur. En admettant même qu'il ait dit à Ravaillac, quand il alla le voir dans sa prison : « Gardez-vous d'accuser les gens de bien », cela prouverait seulement, si l'on croit à la culpabilité d'autres jésuites, que le père Cotton, instruit en partie après l'événement, fit alors passer l'intérêt de sa Société avant le soin de la vengeance du roi. Mais il y a loin de là à avoir été complice de sa mort.

Ce qui prouve son innocence, c'est que dans ce furieux pamphlet de l'*Anticoton* il n'est articulé absolument aucune preuve contre lui. On s'y borne à rappeler les attentats de ses confrères, à réfuter le livre de Mariana , puis la lettre déclaratoire du père Cotton , et à accumuler contre lui d'autres invectives qui n'ont point de rapport avec le meurtre de Henri IV. Le seul endroit où il prouve une de ses assertions, en alléguant un sermon du père Cotton, qui devait être connu, est celui-ci : « Ça esté une dés fautes du père Cotton de convier aux plaisirs du feu roy, au lieu de l'en détourner.... disant en plein sermon que Sa Majesté récompensoit ses péchez par beaucoup de mérites;

que David a commis des débauches, toutesfois qu'il estoit l'homme selon le cœur de Dieu. » Mais quand il ajoute : « Il faisoit bien pis, il estoit messager d'amour… » etc., on voit bien que c'est la haine qui parle, car il ne donne aucune preuve. Ce dut être, au reste, le côté le plus vulnérable dans un confesseur de Henri IV, parvenant à astreindre aux pratiques de la dévotion ce prince, qui ne quittait pas pour cela ses maîtresses. On sait que ces ménagements et ces accommodements avec le ciel ont toujours caractérisé la morale facile des jésuites, qui par là semblaient faits pour être les confesseurs des rois.

En accordant seulement au père Cotton un cœur d'homme, on doit supposer que, si, après la mort de Henri IV, il reconnut la trace de son Ordre dans l'attentat qui ravit ce grand prince à la France, il dut bien gémir alors de cette irrécusable solidarité, principe de sa Société. Il sut, toutefois, calmer l'effervescence publique, et effacer si bien l'effet produit par l'*Anticoton*, que son influence et celle de son Ordre allèrent même en se popularisant. Il s'acquit dans Paris une réputation de sainteté, qui, à sa mort, arrivée en 1626, fit affluer à ses funérailles un grand concours de peuple.

L'*Anticoton* était signé P. D. C. Dans une réfutation latine, aussi violente que l'attaque et intitulée *Horoscopus Anticotonis*, ces trois lettres sont interprétées *pecus destitutum cerebro* (brute dépourvue de cervelle). Le ton d'emportement de ces dernières fureurs de la ligue contraste d'une manière bien remarquable avec l'urbanité parfaite du père d'Orléans dans la vie du père Cotton. Les ennemis de la compagnie y sont toujours traités avec les plus grands égards. Parle-t-il de l'illustre premier président de Harlay : « Magistrat, dit-il, que j'ai regret de ne pouvoir compter parmi nos amis, et dont le mérite seul faisoit un fâcheux préjudice contre notre cause. » Il observe la même déférence à l'égard de l'avocat-général Servin, le plus ardent adversaire qu'ait eu à la même époque la société de Jésus, et qui persista jusqu'à sa mort dans une lutte où les menaces et la colère du roi ne purent jamais le faire faiblir un instant. L'ouvrage du père d'Orléans est

dédié au père La Chaise. Ce dernier, dans le rôle
très-puissant qu'il remplit près de Louis XIV,
n'eut certes pas besoin de la moitié du mérite
du père Cotton. C'étaient d'autres temps et un
autre roi.

GRANDS HOMMES FRANÇAIS.

Nous avons dit que nous n'étions pas de ceux qui, avec l'imprimerie, regardent un retour à la barbarie comme impossible ; mais, en portant sur un avenir lointain de ces regards dont il n'est jamais donné à une vie d'homme de vérifier la prévoyante exactitude, on peut voir dans les innombrables exemplaires de plusieurs livres excellents un trésor de lumières indestructibles, lors même qu'un intervalle d'ignorance profonde, comme celui qui a obscurci l'Europe au moyen-âge, s'étendrait de nouveau sur nos sociétés. Cette ignorance hostile aurait beau faire, il semble qu'elle ne pourrait détruire tous les exemplaires dus à la prodigieuse multiplication de l'art typographique. La plupart des bons livres se retrouveraient sans doute tôt ou tard pour seconder merveilleusement les premières velléités d'une nouvelle renaissance, dont les premières étincelles, grâce à de si puissants auxiliaires, auraient bientôt propagé un vaste foyer d'instruction.

Voilà une grande différence que l'imprimerie a mise entre les anciens et les modernes. Pour tout le reste, ne croyons pas que nous préparions à la postérité une plus grande provision de documents solides et durables que ne nous en avait préparé l'antiquité. Loin de là, nos monuments sont des châteaux de cartes, en comparaison des siens. Nos fastes sont gravés sur le sable, en comparaison du caractère durable et grandiose qu'elle imposait aux siens. Pensez donc à l'innombrable quantité de statues, bustes, bas-reliefs, par lesquels l'image de chaque empereur se répétait dans toute l'étendue de l'empire romain. Pensez à la multitude bien autrement grande encore des mêmes simulacres que le seul petit pays de Grèce avait élevés à l'immortalité de ses héros et de ses grands hommes en tout genre ; Athènes avait élevé trois cents statues au seul Démétrius de Phalère. Eh bien ! entrez dans la plus riche galerie d'antiquités, et jugez du peu qui nous est parvenu de tant de richesses par le soin qu'on met à conserver les plus petits, les plus informes débris de cette antiquité, qui semblait avoir pris à tâche de se couler tout entière en bronze, de s'asseoir sur les fondations du marbre le plus dur, du ciment le plus tenace. La pesanteur et la dureté de ses moindres monuments semblaient leur garantir une conservation indéfinie ; ses billets de spectacle étaient des morceaux de bronze, ses affiches des tables de marbre ou d'airain, ses salles de concert des palais solides comme des citadelles.

C'est surtout l'étude de l'iconographie antique qui montre la terrible puissance des ravages du temps et de la barbarie. Est-il un peuple qui ait jamais reproduit avec une plus somptueuse prodigalité les images de ses hommes célèbres en tous genres, que ne l'a fait l'ancienne Grèce? Qu'en reste-t-il aujourd'hui, lorsque les investigations sévères d'une savante critique discutent l'authenticité des portraits qui nous sont parvenus? Ceux que nous ont conservés seulement les bustes et les statues ne vont pas à plus d'une vingtaine.

Le mode de transmission le plus sûr et le plus fécond s'est trouvé dans les médailles, parce qu'à la solidité, caractère de l'antiquité, elles joignaient déjà la multiplication indéfinie d'un même type, appliquée si merveilleusement chez les modernes par l'art typographique.

Mais, si l'on excepte quelques médaillons et un très-petit nombre de médailles, qu'on pourrait appeler des médailles de fantaisie, ce que l'antiquité nous a laissé avec abondance en ce genre consiste seulement en pièces de monnaie. Il en résulte que les grandes collections de médailles antiques se réduisent, d'après les classifications des numismatistes, aux médailles des villes, des peuples et des rois, et aux médailles romaines ; celles-ci se divisent en consulaires et impériales. Lors donc qu'un roi, un consul ou un empereur se trouve un homme remarquable à quelque autre titre, la pièce de monnaie qui nous conserve son image est un document, non seulement pour l'histoire du peuple chez qui elle avait cours, mais encore pour l'iconographie des grands hommes. Quant aux hommes illustres qui n'ont pas joint à leur gloire particulière une de ces magistratures suprêmes, le nombre de leurs portraits authentiques est infiniment restreint.

De nos jours, la numismatique ne s'est pas bornée à offrir dans l'image des princes la garantie légale de la monnaie, et à fixer par des médailles plus soignées la commémoration des principaux événements ; mais la plupart des hommes très-célèbres ont eu quelque médaille frappée en leur honneur. Toutefois fallait-il, pour y parvenir, joindre à la supériorité du mérite l'élévation d'une assez grande position sociale. Cette collection très-irrégulière, parvînt-on à la réunir, offrirait donc encore des lacunes considérables.

L'idée toute patriotique de réunir, pour les médailles des grands hommes français, ces deux conditions d'uniformité dans le module, et d'être aussi complet que possible, fut conçue, en 1816, par un homme devenu, dans ces derniers temps, célèbre en politique, et dont le nom est attaché à un acte bien important, mais qui ne durera pas autant que l'airain de ses médailles. Car il n'est pas de constitution politique qui puisse prétendre à rivaliser en durée avec les poésies d'Horace, *monumentum ære perennius*.

M. Bérard communiqua son projet à plusieurs personnes de sa connaissance, prises dans différentes positions, dans différentes carrières, de manière que chacun pût apporter, dans le choix des grands hommes à immortaliser ainsi, les prédilections de sa profession, de ses goûts, de ses habitudes. Chacun de ces actionnaires désintéressés pour tout autre objet que l'illustration nationale, versa une somme de 500 francs, dont la réunion permit de commencer cette libérale entreprise.

M. Bérard eut la satisfaction de voir les hommes riches et éclairés comprendre l'importance de ce monument national et le seconder de leurs souscriptions. Elles furent d'abord assez nombreuses pour permettre, les deux premières années, d'affecter les bénéfices de l'entreprise, auxquels avaient renoncé formellement les actionnaires, 1° à décerner un prix au graveur qui, d'après le jugement de l'Académie des Beaux-Arts, aurait exécuté la meilleure médaille pendant l'année ; 2° à faire graver en taille-douce les médailles publiées, entourées d'élégants attributs et suivies d'un texte explicatif. Ce texte offrait à la fois une courte notice biographique du personnage représenté, et l'indication des sources d'après lesquelles la médaille avait été gravée, pour constater l'authenticité de la ressemblance. Il est à regretter que cet intéressant appendice ne soit pas allé au-delà de vingt médailles, l'entreprise ayant cessé alors de présenter des bénéfices.

Quant aux graveurs, si le motif d'émulation dont nous venons de parler cessa également pour eux au bout de deux ans, ils trouvèrent néanmoins, dans cette coopération, les encouragements les plus efficaces. M. Bérard sut concilier avec une rare intelligence l'économie forcée d'une entreprise formée d'actions, avec les vues toutes libérales d'un véritable ami des arts, zélé pour leur bien-être et leur progrès. Une somme fut fixée, comme maximum, pour les artistes déjà célèbres. Les jeunes artistes qui vinrent associer leurs noms encore nouveaux à ceux de ces maîtres de leur art ne reçurent pour leur première médaille que la moitié de ce prix qui, par des augmentations successives, se trouvait porté, après la quatrième médaille, au même taux que la somme payée aux maîtres. Plusieurs d'entre eux sont des maîtres

aujourd'hui, depuis vingt ans que dure cette
honorable entreprise, à laquelle ils ont dû l'occasion d'appliquer utilement, de faire connaître
au loin et de perfectionner leur talent.

Tous les artistes qui ont concouru à la galerie métallique des grands hommes français sont
MM. Andrieu, Barre, Caqué, Chardigny, Des-
bœufs, Domard, Donadio, Dubois, Dubour,
Galle, Gatteaux, Gaunois, Gayrard, Grandjean
(Caroline), Leclerc, Masson, Montagny, de
Paulis, Petit, Pingret, Vatinelle et Vivier. Ces
noms sont connus des amateurs et même du public. Malgré les inégalités inséparables de toute
œuvre confiée à un grand nombre de mains,
on peut dire que la très-grande majorité de ces
médailles est d'une exécution très-satisfaisante.

Si, en ne jugeant que par le sentiment (qui
peut souvent s'égarer quand il n'est pas soutenu par les principes de l'art), il nous était
permis d'exprimer quelques préférences, nous
signalerions Racine, par M. Andrieu, tête
d'une pureté admirable, et où la perruque de
Louis XIV est traitée d'une manière qui ne ferait pas soupçonner tout ce que cette coiffure
offre d'ingrat à des mains moins habiles; An-

toine Arnauld, par M. de Paulis, tête du plus
grand caractère, si bien en rapport avec le personnage qu'elle représente ; Colbert, Fernel,
Jussieu, Amyot, Suger, Bayard, par le même ;
Richelieu, Varin, Edelinck, Buffon, Cassini,
par M. Gatteaux ; le président Jeannin, le maréchal Lannes, Turenne, Abailard, Grétry, par
M. Gayrard, dont nous citerions encore d'autres
têtes, si, comme celle du général Hoche, elles
ne nous semblaient déparées par la lourdeur
de la chevelure, qui du reste paraît être chez
ce maître une sorte de système ; Gérard Audran, par M. Petit ; Lavoisier et Marie-Joseph
Chénier, par N. Caqué ; Tourville, par M. Pingret... Il est inutile d'ajouter que, pour bien juger du mérite de toutes les médailles de cette
collection, il faudrait toujours connaître les modèles qui ont servi à leur exécution, et tenir
compte aussi du caractère des figures et de l'effet
plus ou moins heureux ou ingrat de la coiffure,
du vêtement et autres accessoires obligés.

Les graveurs qui ont le plus travaillé à cette
collection sont M. Gatteaux, auteur de dix-sept
médailles ; M. Gayrard, de seize ; M. Gaunois,
de douze ; M. de Paulis, de onze ; MM. Caqué

et Domard, chacun de neuf; MM. Dubois et Petit, chacun de sept.

La collection entière doit être de cent vingt médailles, dont il y a déjà cent dix-huit. Ce sont : Abailard, d'Aguesseau, d'Alembert, Amyot, d'Anville, Arnault, Audran (Gérard), Bailly, Barthélemy, Bayard, Bayle, Bichat, Boileau, Bossuet, Bourdaloue, La Bruyère, Le Brun (peintre), Le Brun, (poète), Buffon, Cassini, Catinat, Chénier (Marie-Joseph), Chevert, Colbert, Coligny, Commines, Condé, Corneille, Crébillon, Cujas, Delille, Desaix, Descartes, madame Deshoulières, Destouches, Diderot, Duclos, Duquesne, Edelinck, Favart, Fénélon, Fermat, Fernel, Fléchier, La Fontaine, Fontenelle, Gassendi, Gerbier, Grétry, Du Guay-Trouin, Du Guesclin, Héloïse, La Harpe, l'Hospital, Jeanne d'Arc, Jeannin, Jussieu (Bernard de), Lagrange, Lannes, Lavoisier, Malesherbes, Mansart, Marmontel, Marot, Masséna, Massillon, Mézeray, Mignard, Mirabeau, Molé (Mathieu), Molière, Monge, Montaigne, Montesquieu, Montgolfier, de l'Orme (Philibert), Paré (Ambroise), Parny, Pascal, Vincent de Paule, Perronet, Piron, Poussin, Prévost (l'abbé), Puget, Quinault, Rabelais, Racine, Raynal, Regnard, Richelieu, La Rochefoucault, Rollin, Rotrou, Rousseau (J.-B.), Rousseau, (J.-J.), Le Sage, Saint-Pierre (Bernardin de), Serres (Olivier de), madame de Sévigné, madame de Staël, Le Sueur, Suffren, Suger, Sully, de Thou, Tourville, Turenne, Turgot, Varin, Vaucanson, Vauban, Vernet (Joseph), Villars, Visconti, Volney, Voltaire. Les deux médailles qui restent, et qui se font attendre bien long-temps, paraîtront sans doute dans le cours de cette année. Ainsi cette belle entreprise, par une constance d'éxécution qui n'est pas la principale qualité de notre époque, sera parvenue à son terme dans l'espace de vingt ans.

Dans cette liste on aura sans doute remarqué quelques noms dont les titres à un pareil honneur sont faibles, et cela paraît encore plus saillant quand, après avoir vu, d'un côté, la tête d'un de ces personnages trop inférieur aux autres, on est frappé du contraste qu'offre le revers, où se lit toujours *Galerie métallique des grands hommes français*. C'est le contraste qui nous a choqué, au sujet de Parny, dont le prin-

cipal titre littéraire est une turpitude qu'on ne
peut avouer, de Favart, d'Écouchart Le Brun,
de l'abbé Prevost, de Marmontel, de Duclos,
de Quinault, de madame Deshoulières, dont le
bagage nous a paru trop léger. Et, puisque
M. Bérard laisse la faculté d'acheter ce qu'on
veut de la collection, j'avoue que j'en écarterais
les noms que je viens de citer, sans méconnaître
toutefois leur mérite, mais sans leur en reconnaître assez pour les placer parmi les grands
hommes.

A l'inverse il est des noms qui réclament
impérieusement cet honneur, comme leur appartenant de droit, par de hautes vertus, de
grands et profonds travaux. Il est même un
nom héroïque et justement populaire, qui a été
victime d'un inconcevable oubli, c'est celui du
chevalier d'Assas. Le sacrifice volontaire de la
vie à la gloire et à la patrie a toujours été récom-
pensé par les monuments : l'antiquité n'y manqua jamais, et la place du chevalier d'Assas est
marquée dans tout panthéon français. Si beaucoup de morts non moins héroïques n'ont pas
eu la célébrité de la sienne, nous honorons tous
ces grands dévouements par l'hommage rendu

à celui d'Assas, que des circonstances plus favorables ont mis davantage en évidence.

Peut-être aurait-on pu se dispenser de faire entrer dans la collection les princes, puisque la numismatique leur avait déjà, comme tels, payé de nombreux tributs. Mais, si on a donné place au Grand Condé, à plus forte raison devait-on admettre le duc de Guise (le Balafré), dont le rôle est si immense dans l'histoire, et qu'il est impossible de ne pas considérer comme un grand homme. Ou, si les crimes politiques étaient un motif d'exclusion, quel homme était plus indigne d'être admis que le cardinal de Richelieu, qui pourtant y figure? Le cardinal d'Amboise s'y devait trouver comme ministre honnête homme et protecteur des arts. La place du cardinal de Retz y était aussi marquée à plus d'un titre, car il est impossible de ne pas reconnaître les plus grandes qualités du cœur et de l'esprit dans cet homme extraordinaire.

Quant à ceux dont les titres moins éclatants et sans popularité n'en sont pas moins réels, nous signalerons les fondateurs de l'histoire, Joseph Scaliger, Pierre Pithou, dom Mabillon et Fréret; le sage moraliste Nicole; la savante madame Dacier, que Voltaire appelle le prodige du siècle de Louis XIV ; quatre autres savants en diverses parties, Alexis Clairault, Réaumur, Cabanis, Duhamel-Dumonceau ; et les admirables artistes Pierre Lescot et Jean Goujon.

L'omission de l'illustre premier président Achille de Harlai est impardonnable. Les plus hautes vues du patriotisme sont nécessaires à qui veut entreprendre de distribuer la gloire en bronze pour la transmettre à la postérité. Les vertus civiques doivent tenir le premier rang dans une pareille galerie. Ainsi je voudrais que tout indiquât cette prééminence, et que les portraits des grands citoyens fussent confiés aux mains les plus habiles, de préférence aux plus grands auteurs, aux plus fameux artistes. Puisque M. Andrieu, qui jouissait de la première réputation, n'a exécuté qu'une seule médaille dans la galerie métallique, ce n'est point le portrait de Racine que je lui aurais confié, mais celui du chancelier de l'Hospital, le plus grand homme peut-être que la France ait produit, et d'ailleurs dont la tête majestueuse et d'un grand caractère était digne

en tout point du meilleur burin. Il nous semble
que les éditeurs n'ont pas fait assez d'attention
à ce genre de répartition.

Il est bien évident que l'on pourrait citer encore plusieurs grands hommes français plus
anciens, mais dont les portraits ne nous ont
pas été conservés. C'est ce qui avait fait dire
judicieusement dans le prospectus de cette entreprise : « Nous nous proposons d'éviter à nos
descendants les regrets auxquels nous livrent
nos prédécesseurs. » J'ignore si les portraits de
Jacques Cœur et du sire de Joinville sont parvenus jusqu'à nous. Ç'auraient été deux personnages bien dignes de figurer parmi les
grands hommes français.

TABLE

DU SECOND VOLUME.

III. ARCHÉOLOGIE.

Pages.

Début de la société des Antiquaires de l'Ouest....... 3
Inscriptions prétendues antiques de Nérac........... 30
Grande Mosaïque découverte à Saint-Rustice......... 53
L'hôtel de Cluny, son locataire et son mobilier d'aujour-
d'hui... 71
Musée d'Antiquités normandes...................... 87
Notre-Dame de Rouen.............................. 103
Sur un cachet du moyen-âge, trouvé à Clinchamp.... 118

IV. HISTOIRE.

Sur l'étude actuelle de notre histoire............... 147
Compte rendu de l'*Histoire de la destruction du Paga-
nisme en Occident*, par M. Beugnot............... 169
Compte rendu des *Invasions des Sarrazins en France*,
par M. Reinaud.................................... 205
Compte rendu de l'*Histoire des Anglo-Saxons*, de sir
Francis Palgrave.................................. 222
Compte rendu de l'*Histoire de Normandie*, de Licquet. 240
Compte rendu de l'*Histoire de Normandie*, de M. Dep-
ping... 258
Compte rendu de l'*Histoire du Privilége de Saint-Ro-
main*, de M. Floquet............................. 268
Compte rendu de l'*Histoire de sainte Élisabeth de Hon-
grie*, de M. de Montalembert..................... 303
Une lettre inédite du P. Cotton.................... 322
Galerie métallique des grands hommes français....... 338

TABLE ALPHABÉTIQUE

DES

MATIÈRES CONTENUES DANS LES DEUX VOLUMES.

A

Académie des Inscriptions et Belles-Lettres. Idée de l'importance de ses travaux, tome I, page 25, suivantes. Ses recherches au sujet de la colonisation de l'Afrique par les Romains, I, 253, suiv.

Amérique. Relations de ce continent avec l'ancien, avant Christophe Colomb, I, 274, suiv.

Anglo-Saxons, voyez Palgrave.

Antiquaires de l'Ouest. Compte rendu des travaux de cette société, II, 3-29.

Archéologie, la troisième division de cet ouvrage, II, 1.

Armes. Dimensions de celles des anciens chevaliers, II, 138.

Art statuaire en Égypte, II, 24.

Art catholique au moyen âge, II, 26.

B

Barthélemy de Glanvil. Détails sur cet auteur, I, 66, suiv.

Bénédictins. Leurs admirables travaux historiques, II, 155, suiv.

Bérard (M.), éditeur de la Galerie métallique des grands hommes français. Examen de cette collection de médailles, II, 338-352.

Beugnot (M. le comte). Compte rendu de son Histoire de la destruction du Paganisme en Occident, II, 169-204.

Brunet (M. Wladimir). Compte rendu de plusieurs de ses travaux en grec moderne, I, 92, suiv.

C

CACHET du moyen-âge trouvé à Clinchamp. Dissertation à ce sujet, II, 118-143. — Gravure de ce monument, II, 120.

CALLIER (M.). Compte rendu de son voyage, I, 170-186.

CARTHAGE, voyez DUREAU DE LA MALLE.

CHAMPOLLION LE JEUNE. Sa part dans la science de l'interprétation des hiéroglyphes, I, 46, suiv.

CHARTE D'ALAHON. Importance historique de cette pièce, II, 133.

CHRÉTIN (M.), fabricateur des inscription de Nérac, II, 31.

CHRISTOPOULOS, voyez DÉHÈQUE et THÉOCHAROPOULOS.

CLUNY, voyez DU SOMMERARD.

COLLECTION GÉOGRAPHIQUE à la Bibliothèque, I, 135-156.

CORBICHON (le R. P.) traducteur de l'Encyclopédie de Barthélemy de Glanvil, I, 67.

COTTON (le R. P.). Une lettre inédite de lui, II, 322-337. Détails historiques à son sujet, *ibid.*

CRAPELET (M.). Son ouvrage des *Progrès de l'imprimerie en France et en Italie au seizième siècle*, cité, II, 231.

CRITIQUE. Sa direction actuelle, I, 9-21.

CUNÉIFORME. Antiquité de cette écriture, I, 51, 52.

D

DÉHÈQUE (M.). Ses travaux sur le grec moderne, I, 93, suiv.

DEPPING (M.). Compte rendu de son *Histoire de Normandie*, II, 258-267.

DEVILLE (M.), conservateur du Musée d'Antiquités normandes à Rouen, II, 88, suiv. —Véritable créateur de cet établissement, *ibid.* — Citation de deux de ses ouvrages, II, 106-138.

DIDOT (M. Firmin) donne une nouvelle édition du *Trésor* de Henri Estienne, I, 76, suiv.

DULAURE. Critique de son *Histoire de Paris*, II, 157.

DUREAU DE LA MALLE (M.). Compte rendu de sa *Topographie de Carthage*, I, 157-169, et de ses Recherches sur la colonisation de l'Afrique par les Romains, I, 247-259.

E

Écriture. Coup-d'œil sur l'origine de cet art, I, 33-55.

Égypte antique. Sa haute civilisation, I, 45-53. — L'écriture paraît en venir, *ibid.*

Élisabeth de Hongrie (ste), voyez Montalembert.

Encyclopédies. Degré d'utilité de ces ouvrages, I, 56, suiv.

Érudition. Réflexions sur les travaux de ce genre, I, 22-32.

Essai sur l'abbaye de Saint-Georges de Bocherville, par M. Deville. Opinion sur cet ouvrage, II, 12.

Estienne (Henri). Détails à son sujet, I, 73, suiv.

Examen critique de la géographie du nouveau continent et des progrès de l'astronomie nautique aux quinzième et seizième siècles, par Alexandre de Humboldt, 2 vol. in-8°. Compte rendu de ce livre, I, 260-282.

F

Floquet (M.). Compte rendu de son *Histoire du privilége de St-Romain,* II, 268-302.

Fortia (M. le marquis de). Son opinion sur l'origine de l'écriture, I, 40, suiv.

G

Galerie métallique des grands hommes français, voyez Bérard.

Géographie du nouveau continent, voyez Humboldt.

Géographie. La deuxième division de cet ouvrage, I, 133.

Grecs modernes. Quelques détails sur leur littérature, 94, suiv. — Cours de grec moderne, par M. Hase, *ibid.*

H

Hase (M.). Souvenirs de son cours de grec moderne, I, 94.

Henri IV. Examen du reproche de son assassinat fait aux jésuites, II, 330, suiv. — Disait que, s'il eût été homme de lettres, il se fût fait jésuite, 328.

Hiéroglyphes. Considération sur cette écriture, I, 43, suiv.

Histoire. La quatrième partie de cet ouvrage, II, 145.

Histoire. Sur l'étude actuelle de la nôtre. II, 147-168.

Histoire de la destruction du

paganisme en Occident, par A. BEUGNOT, 2 vol. in-8°. Compte rendu de cet ouvrage, II, 169-204.

Histoire des Anglo-Saxons, par sir FRANCIS PALGRAVE, conservateur des archives du Trésor royal de l'Échiquier, traduite de l'anglais par ALEXANDRE LICQUET, 1 vol. in-8°. Compte rendu de cet ouvrage, II, 222-239.

Histoire de Normandie depuis les temps les plus reculés jusqu'à la conquête de l'Angleterre, en 1066, par TH. LICQUET, 2 vol. in-8°. Compte rendu de cet ouvrage, II, 240-257.

Histoire de la Normandie sous le règne de Guillaume-le-Conquérant et de ses successeurs, depuis la conquête de l'Angleterre jusqu'à la réunion de la Normandie au royaume de France, par G. B. DEPPING, 2 vol. in-8°. Compte rendu de cet ouvrage, II, 258-267.

Histoire du Privilége de Saint-Romain, en vertu duquel le chapitre de la cathédrale de Rouen délivrait anciennement un meurtrier, tous les ans, le jour de l'Ascension, par A. FLOQUET, 2 v. in-8, compte rendu, II, 268-302.

Histoire de sainte Élisabeth de Hongrie, duchesse de Thuringe, par le comte de MONTALEMBERT, 1 vol. grand in-8°, compte rendu, II, 303-321.

HŒNEL (le docteur) signale à tort un manuscrit de Phèdre dans la bibliothèque de Douai, I, 120.

HOMÈRE. L'écriture était-elle connue de son temps ? I, 37, suiv.

HUMBOLDT (M. le baron de). Compte rendu de son *Examen critique de la géographie du nouveau continent*, I, 260—282.

I

IMPRIMERIE. On a exagéré l'importance de cet art, II, 229.

INSCRIPTIONS latines inédites au musée d'Antiquités normandes, II, 93, 95.

INSCRIPTIONS prétendues antiques de Nérac. Examen et réfutation, II, 30—52.

J

JÉSUITES. Considérations historiques sur leur influence, II, 322-337.

JOMARD (M.). Services qu'il rend à la géographie, I, 141, suiv.

Journal des Savans. Mérite de ce recueil, I, 14.

L

LANGLOIS (M. Hyacinthe). Détails sur son ouvrage relatif à la cathédrale de Rouen, II, 111, suiv.

LENOM (Mrs) père et fils. Éloge de leurs travaux, II, 72, suiv.

LICQUET (Théodore). Compte rendu de son histoire de Normandie, II, 240-257.

LICQUET (M. Alexandre), traducteur de sir Francis Palgrave, II, 239.

Liste des-peintres verriers de la cathédrale de Rouen, par M. DEVILLE, II, 106.

LONGUESPÉE. Nom du propriétaire d'un ancien sceau, II, 126, suiv.

M

MANUSCRITS de Phèdre, voyez PHÈDRE.

Maximes de la Rochefoucauld, traduites en grec moderne par WL. BRUNET, 1 vol. in-8°, compte rendu, I, 92, suiv.

MITHRA. Monument qui pourrait se rapporter au culte de cette divinité, II, 94.

MONTALEMBERT (M. le comte Charles de). Compte rendu de son *Histoire de sainte Élisabeth de Hongrie,* II, 303-321.

MOYEN-AGE. Ce qui caractérise cette grande division de l'histoire, II, 22.—Engoûment pour cette époque, 155.

MONTESQUIOU. Ancienneté de cette famille, II, 132, suiv.

MONTESQUIOU (M. le comte Anatole de) communique à l'auteur un petit monument du moyen-âge, II, 118, suiv.

MONUMENTS. Causes diverses de leur destruction, II, 161, suiv.

Monumens de différens genres vus et décrits par M. Texier, I, 200.

MOSAÏQUE trouvée à Saint-

Rustice, description de ce monument, II, 53—70.

MUSÉE D'ANTIQUITÉS NORMANDES.

Détails sur cet établissement, II, 87—102.

N

NÉRAC, voyez INSCRIPTIONS.

NOMS PROPRES et NOMS DE FAMILLE. Leur origine, II, 126, suiv.

Notice sur l'incendie de la cathédrale de Rouen, par M. Langlois, II, 111, suiv.

Notices sur l'hôtel de Cluny et sur le palais des Thermes, avec des notes sur la culture des arts, principalement dans les 15e et 16e siècles, par M. DU SOMMERARD, II, 71—86.

NOTRE-DAME DE ROUEN. Sur cette cathédrale, II, 103-117.

O

OBELLI (M.). Sur son édition des fables de Phèdre, I, 119.

P

PAGANISME, voyez BEUGNOT.

PALGRAVE (sir Francis). Compte rendu de son Histoire des Anglo-Saxons, II, 122—239.

PRIVILÉGE DE SAINT-ROMAIN, voyez FLOQUET.

PROPRIÉTAIRE DE TOUTES CHOSES. Nom d'une ancienne Encyclopédie, I, 68.

PROVINCES. Leur importance diminue depuis Louis XIV, II, 149.

PHÈDRE. Nouveaux documens sur les manuscrits de cet auteur et résumé de sa bibliographie, I, 101-131. — Importance d'un exemplaire de ces fables, que possède l'auteur, I, 123, suiv.

PHÉNICIENS Leur rôle véritable dans l'histoire de l'écriture, I, 54, suiv.

PHILOLOGIE. Première division de cet ouvrage, I, 9.

R

Recherches sur la topographie de Carthage, par M. Dureau de la Malle. Compte rendu de cet ouvrage, I, 157—169.

Recherches sur l'histoire de la partie de l'Afrique septentrionale connue sous le nom de régence d'Alger, par une commission de l'Académie des Inscriptions et Belles-Lettres, I, 247—259.

Rédet (M.), archiviste de Poitiers, communique à l'auteur une lettre inédite du P. Cotton, II, 327.

Reinaud (M.). Compte rendu de ses *Invasions des Sarrazins*, II, 205—221.

Rochefoucault (La), traduit en grec moderne par M. Brunet, I, 92, suiv.

Romains du second siècle, comparés aux Français d'aujourd'hui, II, 153, suiv.

Rosette (inscription de), I, 43.

Rouen. Mœurs de cette ville au moyen-âge, éclaircies par l'histoire d'une de ses coutumes, II, 297.

Runes. Vague dans l'interprétation de cette écriture, II, 226, suiv.

S

Saint-Rustice, voyez Mosaique.

Saint-Sépulchre. Forme de cette église, appliquée à d'autres, II, 13.

Sarrazins, voyez Reinaud.

Silvestre de Sacy (M. le baron) porte les premières clartés sur la pierre de Rosette, I, 43.

Sommerard (M. Du). Quelques détails sur son mobilier du moyen-âge et sur ses notices de l'hôtel de Cluny, II, 74—86.

Soulages (M. Jules) découvre une mosaïque à Saint-Rustice, II, 57, suiv.

Souterrains de la ville de Poitiers, II, 19.

Sylvio Pellico (M.). Ses *Devoirs* traduits par MM. Brunet et Dehèque, I, 93, suiv.

T

Texier (M. Charles). Compte rendu de son voyage, I, 187—246.

Théocharopoulos (M.), collaborateur de MM. Dehèque et Brunet dans plusieurs ouvrages en grec moderne, I, 96, suiv.

Thermes. Grandes proportions que les Romains donnaient à ces édifices, II, 58. suiv.

Thierry (M. Augustin). Opinion sur son système historique, II, 244.

Tillœul (M. du). Renseignement qu'il donne à l'auteur sur un prétendu manuscrit de Phèdre, I, 120.

Trésor de la langue grecque. Détails sur cet ouvrage et sur ses réimpressions, I, 72—87.

Tombeaux de la cathédrale de Rouen, par M. Deville, II, 106.

V

Varenilla (tombeau de). Sur une inscription de ce monument, II, 8.

Voyages, voyez Callier, Humboldt, Texier.

Y

Young (le docteur). Sa part dans l'interprétation des hiéroglyphes. I, 43.

ERRATA.

TOME I.

Page 12, ligne 19 : tous disposés *lisez* tout disposés

P. 30, l. 19 : savoir, *lisez* savoir;

P. 38, l. 7 : rapsodes *lisez* rhapsodes

Id. l. 24 : signo. *lisez* signo :

P. 52, l. 15 : d'objets *lisez* d'objets,

P. 67, l. 21 : de Francs *lisez* de France

P. 104, l. 18 : ὕφοους *lisez* ὕφους

P. 109, l. 15 et 20 : Le Pelletier, *lisez* Le Péletier

P. 118, l. 7 : *Gesta Dei* par *Francos* lisez *Gesta Dei per Francos*

P. 120, l. 10 : M. de Tillœul *lisez* M. du Tillœul

P. 141, l. 10 : d'avoir ces conditions *lisez* d'avoir trouvé ces conditions

P. 149, l. 15 : ordinaires. *lisez* ordinaires. »

P. 158, l. 9 : leurs maçonneries comme si solides *lisez* leur maçonnerie comme si solide

P. 193, l. 13 : au mois de mai dernier *lisez* au mois de mai 1834

P. 196, l. 22 : couchés. *lisez* couchés. »

P. 201, l. 4 : me trouvé-je *lisez* me trouvai-je

P. 203, l. 3 : du Kutaya *lisez* de Kutaya

P. 206, l. 19 : il a trouvé *lisez* il y a trouvé

P. 209, l. 4 : de ce lieu. » Le marbre *lisez* de ce lieu. » — « Le marbre

Id. l. 11 : la beauté. « C'est de là *lisez* la beauté... c'est de là

Id. l. 15 : St-Paul-hors-les-murs. *lisez* St-Paul-hors-les-murs. »

P. 217, l. 3 : attachéés *lisez* attachées

P. 222, l. 19 : payé 250 postes *lisez* payé 230 postes

TOME II.

P. 37, l. 13 : *Appoliniacum* lisez *Apolliniacum*

P. 52, l. 16 : de Nérac? *lisez* de Nérac? »

P. 94, l. 21 : *fœdere* lisez *fœdere*

P. 205, l. 2 : M. Sylvestre de Sacy *lisez* M. Silvestre de Sacy

P. 283, l. 9 et 10 : privilége *lisez* prévilége

P. 284, l. 10 : le crime et avait donné *lisez* le crime et contre lequel il avait donné

P. 295, l. 15 : en 1425 *lisez* en 1424

P. 296, l. 1 : burent ensemble; » *supprimez les guillemets, et reportez-les à la fin de l'alinéa, ligne* 12.

FIN.